大阪　人づくりの逆襲

サントリー、ダイキン、パナソニック…なぜ人材が太く育つのか

石川智久

青春新書
INTELLIGENCE

はじめに　「大阪人は楽しそう」だけじゃない！　古くて新しい強みを持っている

大阪の本といえば、どのようなジャンルを思い浮かべるでしょうか？　観光、食いだおれ、お笑い、大阪人の性格…、あるいは古くから発展した大阪の街の歴史に興味がある人も、いるかもしれません。

一方で、これほどの大都市なのに、触れられないジャンルがあります。

それは、大阪の経済や経営についてです。

個人的にはとても残念に思っています。それは、関西で働いているあいだ、大阪・関西企業の面白さや個性に、ずっと驚かされていたからです。歴史や伝統を大事にしながら、新しいエッセンスを加えて、さらに発展している大阪・関西企業が、なぜ注目を浴びないのか、とても不思議なのです。いままで、関西に関する本を数冊だしているのですが、読者の方から「関西経済の本はあまり見たことないけど、関西経済のポテンシャルを感じた」と感想をいただきました。

関西はこれまで、産業集積・人材・文化・歴史などの強みを多く抱えていながらも、なぜか世間から過小評価されており、それが国益を損なっていると歯がゆく思っていたのですが、その偏見を少しだけでも是正できたことをうれしく思っています。さらに、関西経済は、万博を迎え新たな動きが増えており、もっと発展する段階に入ったと考えています。

たしかに、一時期「京都経営」が話題になりました。なんとなくですが、東京のメディアの方は、関西について、〝京都には甘く、大阪には厳しい〟ところがあります。個人的には京都にも友人が多く、とても好きな街なので、京都が褒められるのは嬉しいのですが、その半分でいいので、もっと大阪や神戸に関心が集まってほしいと切に願っています。

関西企業は日々進化しています。東京とは違うプレースタイルで個性を発揮するだけでなく、高収益やグローバル展開を実現している企業が多くあります。

そして、なぜか関西企業には賑やかで楽しそうな雰囲気もあり、この良さがもっと日本に広まれば、日本企業はもっと世界に羽ばたけるのではないかと思っています。

関西は、長い歴史を誇る長寿企業の集積地にもなっています。栄枯盛衰は世の常というなか、「のれん」を大事にして、地域を代表する企業が目立つのも、関西企業の特長でしょう。ここには、事業承継に悩む経営者にもヒントとなる話があります。ぜひとも、関西企業の先進性と持続性のコツを皆さんにつかんでいただきたいのです。

読み終わったころには大阪・京都・神戸の企業経営の良さを、さっそく取り入れてみたくなることと思います。

私は関西で約8年間仕事をしてきた経験があり、かつ関西の経済団体で裏方として働いたり、逆に大きな会議などで発表する機会にも恵まれました。こうしたなか、関西の経営者に会う機会も多くありました。この経験を通じて感じたことは、関西企業の経営者がこの10年間で、かなり自信を持つようになったということです。

関西企業は東京だけを見るのではなく、世界を見据えて行動しています。アジアに進出する企業も増えています。独特の強みを持って、市場で新たな価値に気づいている企業もあります。またフロンティアスピリッツに恵まれ、業界をリードしている企業もたくさん存在します。

関西と関東の違いはどこにあるのでしょうか？　もちろんたくさんありますが、やはり一つの違いは人柄でしょう。関西の人は全般的におしゃべりで明るくて楽しい方が多い傾向があります。本音で語り合う文化があり、それが東京系企業と関西系企業の違いを生み出しています。

経済学や経営学の観点から見ても、関西的な経営が、意外と最先端な部分もあります。

そこで、私は関西企業の良さについて「人」という観点から語っていこうと思います。

加えて、エコノミストという立場から、マクロ経済について語る際に必ず触れなければいけない話があります。

それが人材教育及び人手不足問題です。少子高齢化が進むなか、人手不足は多くの業界でも深刻化しています。2024年問題のように物流業界が顕著ですが、我々が勤務しているエコノミスト業界でも若手が足りないといった問題があります。また雇用市場が流動化するなか、人材を確保しても、若い人がすぐに辞めてしまうといった問題があります。人の問題、特に人材教育という点では、大きな課題に直面している企業が多いのではないでしょうか。

「人の問題」というのは、とてもデリケートな問題だと思っています。

こうしたデリケートな問題については、経済政策や新しいビジネス手法では十分に対応できないのではないかと考えています。人の問題についてはもっと泥臭く、地に足がついた対応がとても大事です。そこで、まさに「浪花節」の関西企業の良さから令和の企業教育人材教育について考えてみたいと思います。

さらに、今回は博報堂ＤＹホールディングスの「これからの幸福感」プロジェクトという調査結果も活用して、関西人について見ていきます。この調査で面白いのは、関西人は関東人よりも幸福感が高いということです。そしてそれは人々の共感力の高さにあるという結果が出ていることです。私も街を歩いていると、関東よりも、関西のほうがなんとなく元気な人が多いように感じます。その実態についてもお話ししたいと思います。また、いつも様々なことを教えてくださる関西近未来研究会の皆様からの知見についても活用しております。

ただ単におもしろおかしい大阪・関西ではなく、大阪・関西の知恵や人材育成が広まってほしいと思います。それがイロモノではなく、主流になれば、日本企業はもっと飛躍すると信じています。この本を読んでいただいて、その思いを共有できれば幸いです。

石川　智久

目次 ――『大阪 人づくりの逆襲』

第2章

じつは今も昔もすごい、関西の会社の強み……45

第3章

第4章

人が集まる、人が育つ、大阪の会社の底力

第5章 大阪から学ぶ、日本が元気になる人づくり提言

本文デザイン◆浦郷和美
本文DTP◆森の印刷屋

第1章

日本企業復活のカギは、大阪にあった！

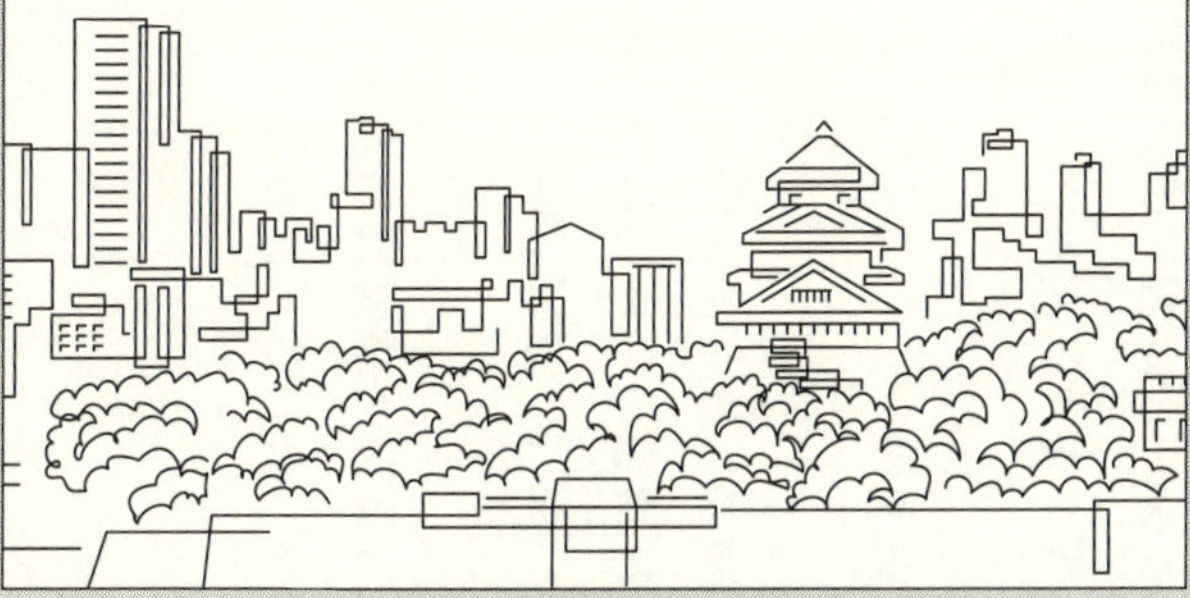

大阪式経営の逆襲がはじまっている

最近、「日本式経営の逆襲」といったテーマの本が話題になることが増えています。それは日本企業の復活が背景にあると思いますが、それだけではなく、**海外の経営術を間違った形で入れたのではないかという反省**からともいえるかもしれません。

日本式経営のポイントに、「人を大事にする」ことがあります。この源流は戦後にあり、戦後の高度経済成長期に、人手不足が深刻な問題となったことがきっかけです。この時に多くの企業は、優秀な人材を確保する必要性に迫られました。そこで生まれたのが、終身雇用、年功序列、企業別労働組合といったものでした。

その後、グローバル経営の名のもと、日本型経営を海外の経営術に近づけるべきとする議論が出てきました。**日本型経営は「古臭い」とされた**のです。

一方海外では、これまでは市場主義の面が強かったものの、リーマンショックなどを契機に、そうした利益第一的なものへの反省が強くなっています。すなわち、利益を追求し

て従業員に厳しい対応をすべきではなく、従業員のことを考えるべきだという流れになっています。例えば、

①チーム内で自分の意見を発言しても、上司などから叱られることがないといった心理的安全性

②人々の性別、年齢、国籍などの違いを尊重して、その多様性を組織内で受け入れていこうとするインクルーシブの理論

③個人が意思決定できるフラットな経営組織を目指すティール組織

等の議論が強くなっています。また、日本の経営学者の中にも、日本的経営の強みを捨て、弱みを逆輸入するようなことは避けるべきだといった議論が活発化しています。

今の日本の経営者を見ていると、日本式経営と欧米の経営理論をうまくハイブリッドさせている人材が増えてきたように思います。多くのビジネスマンが海外赴任で活躍したり、海外の大学に留学してきた効果が出てきていると感じます。

そして、海外で切磋琢磨した人ほど、海外事例の限界と日本の良さを理解しているのでしょう。そうしたなか、**日本型経営の1つの良き形として、大阪・関西的経営や人材育成を考えるべき**だと思っています。

関西なくして、日本経済は発展しなかった

石田梅岩《いしだばいがん》という人をご存じでしょうか？　江戸時代の経済の思想家です。京都に生まれた思想家ですが、日本に資本主義の思想をもたらした人ともいえます。

江戸時代は儒教の考え方が強く、日本では商業に対して否定的な考えが強くありました。当時の有名な学者に、「商人はものを作らない。ただ安くものを仕入れて、高い値段で民衆に売っているだけである。物価を下げたければ商人を叱り上げれば良い」というような、かなり差別的な発言があったほどです。

江戸時代は現代と異なり、「商売は欲望に基づいているので尊敬できない仕事である」

というような見方が強い時代でした。士農工商という言葉で商が一番後に来るのは、一番ステイタスが低いからだという話も聞いたことがあるでしょう。

なお、私が最近聞いた話では、士農工商という言葉は東西南北のように、ただ4つを並べただけで、本来は順位付けはないという説もあるようですが、一般的には武士を一番上、商人を一番下で見る人が多いと思います。

さて、そうした商業蔑視に対して、石田梅岩は、商売人が利益を得る行為を強く肯定しています。

彼の著作である『都《と》鄙《ひ》問答《もんどう》』のなかで、「ものを売ることで、利益を得るのは、商人の道である。商売人が売買で得る利益は武士の禄と同じである。売買の利益がないというのは、武士に給料がないのと同じなのだ」とわかりやすく説明しました。これによって商売人たちが自信を持って自分たちの仕事に邁進できるようになったのです。

また、**ただ単に儲ければ良いと考えたわけではありません**。

勤勉、倹約、正直という条件が重要だとし、野放図な資本主義的な行動に対しては、強く戒《いまし》めを示しました。日頃きちんとした行動をしなければ、人間は暴走してしまうとも考えており、強欲資本主義ではなく、倫理的な資本主義の重要性まで展望したものといえるでしょう。

またきちんと経営することで家が永続的に栄えるといった思想も示しました。強欲資本主義の場合栄えるのは一代のみになってしまい、子孫繁栄にはつながらない可能性があります。一種の持続可能な経営を示したといえます。

そのため経営学者の中では、**石田梅岩が、すでに江戸時代にＳＤＧｓを提唱していたという人もいるほどです。**

経済学や経済思想に詳しい人であれば、マックス・ウェーバーを思い出したかもしれません。マックス・ウェーバーは、利益を貪る資本主義は前近代的な資本主義であるとし、近代資本主義は勤勉と契約から生まれるとしました。

そして「職業は神から与えられた尊いものであり、それに禁欲的かつ勤勉な態度で仕事に取り組むべきである。そこから得られた利益は信仰の証であるので、恥ずかしいものではない」としました。つまり利益は一生懸命働き、つつましく禁欲的に生活をした結果生まれるものであり、それは浪費するのではなく、未来に向けた投資に使うべきともしています。お金を稼いで、つつましい生活をすれば、貯蓄が生まれ、貯蓄は銀行に預けられれば、銀行融資の形で設備投資などにつながると主張しています。

マックス・ウェーバーは石田梅岩よりも200年ほど後の思想家です。その意味で関西が生んだ思想家である石田梅岩は、世界に誇れる人物だといえます。

この流れは脈々と関西に根付いています。

関西経済連合会では**ステークホルダー資本主義が大事だと考えています**。

ステークホルダー資本主義とは、企業活動に関わるステークホルダー（利害関係者）に対し、長期的かつ継続的に利益を還元することを目指す考え方のことです。ここでいうステークホルダーには、「株主」「顧客」「従業員」「取引企業」などの直接的な関係者はもちろんのこと、「行政」「地域社会」「環境」といった間接的なステークホルダーも含まれます。

これはまさに、リーマンショックの時に話題になったような、自分の利益だけを重視する強欲資本主義の対極にある考え方です。短期的な利益ではなく、長期的な利益を考えて行動し、地域に貢献する資本主義を提唱しているといえます。

これも関西の資本主義が素晴らしいものである理由の一つと考えられるでしょう。

淀屋橋から大阪を考える

大阪には「淀屋橋」という橋があります。日本銀行の大阪支店の近くにあり、住友グループの拠点がたくさん集まっている住友村といわれる地域にも近い、まさに大阪の中心に架かる橋です。

この淀屋橋を巡る話からも、大阪の経営者が何を考えているかということがわかります。大阪は町人の街です。大阪には川がたくさん多く、八百八橋といわれるほど橋がたくさん必要です。しかしながら、大阪市内には公儀橋といわれる、江戸幕府が架けた橋は、12しかありません。それ以外は民間が造った橋です。

江戸時代に淀屋辰五郎《よどやたつごろう》という大富豪が大坂にいました。その淀屋がお金を出して架けた橋がこの淀屋橋です。なお、大阪のミナミの道頓堀川は、成安道頓《なりやすどうとん》という人が掘削した川です。大坂の豪商たちは、利益を自分たちのためだけではなく、架橋や川の掘削などの公共事業に使い、自分たちの利益を地域に還元するという考え方が根付いていました。

大阪人は、街を歩くたびに、橋や川の名前を見て、そうした歴史を意識することが多くあります。**資本主義と地域貢献とまちづくりが融合しているところが、大阪資本主義のすごみ**であり、良き伝統と思います。

さて、淀屋辰五郎は、贅沢な生活が町人の身分に過ぎるものとして、幕府から取りつぶしを命じられてしまいます。それが大坂町人を震撼させました。贅沢を反省し、学問できちんと道徳を高めたいという動きが出てきました。

そこで生まれたのが懐徳堂《かいとくどう》という私塾です。

懐徳堂は、享保９（１７２４）年、大坂町人によって創設された学問所です。江戸時代の後半約１４０年にわたって大坂の学術の発展と商道徳の育成に貢献しました。一時は、江戸の昌平坂《しょうへいざか》学問所と並ぶ隆盛を誇ったと伝えられています。中井竹山《なかいちくざん》・履軒《りけん》兄弟をはじめ、富永仲基《とみながなかもと》・山片蟠桃《やまがたばんとう》といったすぐれた学者を輩出しました。

懐徳堂が他の学問所や塾と異にするのは、**商人世界に道徳的認識を与えるという使命感を持ち続けたこと**であると指摘する歴史家も多くいます。

もともと大坂は商売の街であり、文化や学問に縁の薄い街といわれましたが、こうした動きもあり学問的な蓄積も充実していきます。**懐徳堂は、後に大阪大学へとつながっていきます。**

淀屋橋に近いところには緒方洪庵《おがたこうあん》の適塾もあります。適塾は、原書による研究と翻訳を通して、西洋医学の導入に力を注いだ、まさに文明開化を学問的に支えた重要拠点です。

適塾の塾生には、全国から多くの英才が集まり、全体の塾生は1000人に達したのではないかといわれています。適塾では、新入塾生にまずオランダ語の文法や文章論を学ばせ、この教程を終えると月に6回ある原書の会読に進ませました。学生間の競争意識に刺激を与え、化学実験も自分たちで工夫し、その材料の化学薬品も自作したといいます。医学だけでなく、新しく輸入された物理や電気の原書も、塾生たちがいち早く共同で翻訳していました。

当時は、**江戸の書生が大坂に勉強に来ることはあっても、江戸に学びに行くことはなく、**大坂から江戸に行くのは教えに行くときだけであったといわれます。適塾は元来は医学校でしたが、その実はオランダ語解読の研究所で、学生は医者に限らず兵法家あり、砲術家あり、博物学者も化学者も、およそ蘭学を志すほどの人は皆、この塾に入って勉強していました。

ここから大村益次郎《おおむらますじろう》、福澤諭吉《ふくざわゆきち》など、幕末から明治にかけて活躍し、明治維新と近代日本形成の担い手となった人材が輩出されたのです。医者としての洪庵の功績のひとつに、除痘館《じょとうかん》の設立という種痘普及事業の展開があります。北浜に除痘館記念資料室というところがあり、そこでは天然痘に対し、いかに日本の医師たちが戦ったのかを見ることができます。私も行ったことがありますが、先人たちの努力に頭が下がる思いでした。なお、医学校としての適塾の流れは、大阪大学医学部・医学系研究科および付属病院に続いています。淀屋橋を見ると、民間人が街を作り、民間人が学問を高めていく自立の重要性を教えてくれているように思います。

「いのちよりのれんたいせつ」船場商人かるた

船場商法という言葉をご存じでしょうか。これは繊維問屋がたくさんある大阪・船場の商人たちが行っていたビジネス手法のことを指します。例えば、橋爪紳也氏監修『大阪の教科書』（創元社）を見ますと、家訓や店則の制定、所有と経営の分離、会計帳簿の整備、奉公人制度の確立があり、組織と管理を生じる経営、いわゆる船場商法といういい方をしています。

合理的な経営手法を確立したわけであり、これが関西の人々のビジネススキルを高めたことは間違いありません。しかしながら、こうした真面目な話よりも「船場商人かるた」に書いてあるような話のほうが、大阪人を元気づけているように思います。これは最後の船場商人といわれた和田哲夫氏作といわれ、ネットに広がっています。さまざまなバージョンがあるようですが、一つのバージョンを載せておきます。

い：生命より　ノレン大切
ろ：論より商売
に：人気大切、芝居も同じ
ほ：奉公・体面・分限が憲法

へ：勉強・小便、自分が始末

と：獲らぬ狸は化けの皮、獲った狸の皮算用

ち：塵《ちり》も積もれば、在庫となる

り：利は、もとにあり

ぬ：濡れ手でバブル

る：累卵の危機に企業の馬脚見え

わ：若い時、苦労するほど身の薬

か：学校頭で、商売出来ん

よ：欲の熊鷹、股裂ける

た：足りぬ足らぬは工夫が足りぬ

れ：礼儀と挨拶、仕事のいろは

そ：祖父の陰徳、孫に行く

つ：付き合うのやったら上の人

：継ぎとうて、継げぬがさだめののれんかな

ね：熱と辛抱、人つくる
な：何ボの儲けより、何ボの損
ら：乱世激動チャンスを掴め
む：無理押・返品天に唾
う：売り手よろこび、買い手よろこぶ
の：ノレンと骨董、古いが値打ち
お：大阪立身、負けるが勝ち
く：愚痴とぼやきは、金にならん
や：やる気次第で局面変わる
ま：マネージメント徳
け：ケチと始末は、大違い
ふ：分限分際いのちを救う
こ：ころばぬ先の知恵
え：会得・体得、問屋の教育

て：出掛けの挨拶、帰りの報告
あ：歩きながらも考える
：脚で考え手で思う
さ：酒を飲まずに、阿呆になれ
き：銀行さん尊んで頼まず
ゆ：油断大敵
め：目習い、手習い、耳習い
み：身の程を知って商う腹八分
し：人材よりも人の財
：商人に定禄はなし万事実力
ゑ：縁は異なもの
ひ：ひとのせんことするのが肝心
も：モノ売る前に、自分売る
せ：節約は、モノを生かして使うこと

す：「すまん」ですすまぬが支払日
ん：運《うん》・鈍《どん》・根《こん》

それぞれが面白いのですが、全般的な傾向として、「のれん」や「ブランド」がどれほど大事かということが挙げられています。ブランドを守るために何をすべきかを、少しコミカルに描いているのです。欲を持ちすぎず、きちんと守りを固めていくといった信念も記されています。そして、知識に頼るのではなく、様々な経験をしていくことや、周りの人と良好な関係を作っていくことの重要性が説かれています。また、挨拶の大事さが記されているのも、大阪っぽさが出ています。

最後は運・鈍・根。自分の才能や知識に過度に頼るなといった戒めもあると思います。

また、始末、才覚、算用が大事とのことです。「始末」とは、計画性で、計画性を持ってやれば、思いつきでやるよりもはるかに無駄が少なく倹約になることを示します。「才覚」とは、人の真似をしないで、どうやって成功するか、自分で編み出し、何とかして永続させようと努力をすることです。「算用」とは、商法として算盤に合う、採算が見込まれるというものでなければならないとするものです。

また、船場商人は「お天道《てんと》さん」という言葉も大事にしていました。**「お天道さんが見てはるで」**が口癖の商人も多くいました。お天道さまとは、神、仏、先祖で、そのお天道様のおかげで商いができる、つまり、自分の仕事は天職とあります。

パナソニックの創業者・松下幸之助は、1904（明治37）年11月23日、故郷の和歌山県を離れ、1910（明治43）年6月まで、商売の本場である船場で丁稚として働いています。独立開業し、実業家として成功したのちも、この丁稚奉公時代は自らの基礎をつくった日々であったと述べています。

後年、幸之助は「晩、店をしまって床にはいると母のことが思い出されて泣けて仕方がなかった。これは初め四、五晩も続いたし、時を経て後も時々思い出しては泣けてきた」と回顧しています。1905（明治38）年2月には大阪市東区（現・中央区）船場堺筋淡路町の五代自転車商会に移り、店主や店主の家族から、商売や人生におけるさまざまな教えを学び、商人としての基礎を固めていきます。

幸之助は後年、「松下電器ガ将来如何ニ大ヲナストモ、常ニ一商人ナリトノ観念ヲ忘レズ」

と社員に述べています。また、成功の秘訣を問われたときに「小僧奉公の時代などは、今日から考えると想像もつかないほどきびしいものであったが、子ども心ながらそれがあたり前だとわりきって、朝早くから夜遅くまで、店先の掃除や子守り、あるいは店の手伝いも、結構楽しんで働いたものであった。また、そのきびしいしつけと忙しい毎日のあけくれが、かえって勤労に対する真剣な態度と、働くことの喜びを教えてくれたと、今さらながら感謝しているのである」と発言しています。

こうした生きた教科書が多いことも、大阪の良さなのです。

かもめは関西から飛び立った～リクルートと関西の意外な関係

就職情報などで有名なリクルートという会社があります。新しいビジネスを生み出すことで有名な会社です。

さて、リクルートの発展に、実は関西が大きく関係していることをご存じの人は、非常に少ないと思います。リクルートの創業者は江副浩正《えぞえひろまさ》氏。彼は高校を卒業するまで、一時期、佐賀に疎開などもしていますが、主に大阪で過ごしています。中学・高校も神戸の甲南学園です。当然ながら彼の人生には関西時代の経験が大きく影響していますが、その一つに甲南学園の授業があります。**甲南学園では社会科の授業に経済学があり、そこで江副氏はアダム・スミスの国富論に出合います。**そして市場経済のほうがマルクス経済学よりも国民を豊かにするという信念を持ちます。つまり、甲南学園での経済学の授業が江副氏に起業家精神をもたらしたと考えられます。

江副氏がリクルートを創業するきっかけとなったのは、東京大学新聞にアルバイトとして勤務し、当時の上司から「新聞社の収入は新聞販売よりも広告収入のほうが多い時代になった」といわれたことです。そして東京大学新聞に就職情報の広告を出したことが、江副氏の就職ビジネスのスタートといわれています。江副氏の卓越したところは、この新聞の**就職広告のクライアントとして関西企業をターゲットにした**ことです。当時、東京大学の学生は、東京の企業に就職することが多く、関西の企業に就職することはあまりありませんでした。そこで江副氏は東大の学生をリクルートしたい関西企業を中心に営業をかけて、東京大学新聞に多くの就職広告を載せることに成功しました。もし江副氏が東京の企業を中心に回っていれば、既に東京大学の学生が多く就職している東京の企業にはそのニーズは小さく、広告営業が失敗した可能性があります。となると、日本にはリクルートという会社だけでなく、就職情報産業というビジネス自体が存在しなかったかもしれません。**東京と関西の掛け算が新たなビジネスを生むという一つの事例**といえるでしょう。江副氏が経営トップ時代のリクルートのロゴマークは「かもめ」でしたが、そのかもめは関西から飛躍していったといえます。

さて、江副氏はその後、いわゆるリクルート事件でリクルートから追われることとなり、保有株式も神戸にゆかりのある中内㓛氏が経営するダイエーに売却することとなります（後にダイエーは保有株式をすべて売却）。こうしたなか、江副氏の功績は日本の経営史ではあまり触れられなくなりました。そして、「かもめ」のロゴマークもリクルート事件等を経て使われなくなりました。もっとも、近年はスタートアップへの関心が高まるなか、江副氏に対する再評価がみられます。江副氏の**「自ら機会を創り出し、機会によって自らを変えよ」**という名言は今も多くのビジネスマンを勇気づけています。

京都の製造業がグローバル企業となった４つの感性

経済の世界で話題になっている話に、「なぜ京都企業はグローバル化したのか」という議題があります。それには様々な理由が考えられます。

一つは伝統を大事にしつつ、そこに新しい様式をどんどん加えること。例えば西陣織は京都の偉大な産業ですが、明治時代にジャガード織機が輸入され、それを導入したことから、西陣織は発展していきます。

また京焼が明治維新後、産業用陶器の生産を始め、それが新産業を生み出しています。伝統の普及に伴い、陶器製碍子メーカーとして大企業に成長したのが松風工業です。そして**松風工業に当初勤務しながら、仲間を募って独立し、新たな会社を作ったのが、稲盛和夫《いなもりかずお》氏の京セラ**になります。

もう一つが逆転の発想です。京都は市場規模が小さく、京都市内だけではあまり大きくなりません。また東京や大阪にはかなり強力な競争相手がいます。そうしたなか、自分たちの強みを磨き上げ、それで世界に打って出るという戦略をとっています。**グローバルナンバーワンになるためには、かなり分野を絞り、強みがあるものに特化する**必要があります。そのため、京都の企業は部品メーカーが多い傾向があります。

最後に京都企業の最大の特徴を挙げます。**グローバル展開しているため、本社を東京に移す必要がない**ということです。京都の方は京都を非常に愛していて、本社を東京に移したくない、という思いもあるでしょう。また、京都はおいしいお店が多く、京都経済人は京都の飲食街で様々な議論をすることで、知見を深めています。この「京都の飲食街」の果たす役割は、とてつもなく大きいです。京都は企業人だけでなく、観光客も多く、また大学の街であることから、世界中から高名な学者が京都に来訪します。そして京都の企業人は、こうした世界の知性の講演会を聞いたり、食事会を開いたりして勉強しています。それが京都企業の強さに繋がっています。

京都の代表的な企業である堀場製作所の堀場会長は、京都企業には4つの感性があり、それが強みになっているとしています。

一つ目は**人のマネをしない**という考え方です。京都という、盆地の限られた空間のなかで人と共生するためには、他人の仕事を邪魔するのではなく、自分にしかできない仕事を行うべきだ、という考え方があるとしています。確かに**喧嘩をしないためには、競争しないという戦略**は一理あり、そのためには新しい市場に出ていく必要性があるといえます。

二つ目が**目に見えないものを重視する**考え方です。京都の生活文化のなかには、白黒つけずに灰色を大切にするという文化があります。論理の積み重ねで、白か黒かというわかりやすい言葉で理屈を述べるのではなく、白と黒の間にあるグレーゾーン、曖昧さを尊ぶのです。たしかに現実は様々なことがあります。グレーゾーンを大事にすることは会社が生き残るためにも重要といえるでしょう。

三つ目が**事業を一代で終わらせず、受け継いでいく**考え方です。他に追随したり、流行を追ったりせず、本業以外の投資に一切手を出さないことで会社の持続性を高めるというビジネスモデルです。京都は長寿企業が多く、その秘訣がきちんと伝承されているところがあります。関西の経営者とお会いすると、規模よりも永続性を大事にする方が多く、それが京都を含む関西企業の魅力となっています。

四つ目が**循環とバランス**という考え方です。一つのことのみに注力するのではなく、経営資源の分配をバランスよくすることの重要性を力説しています。これもバランスの良さが長寿企業になるために重要だという思想があるように思えます。

京都から本社を移さないことを強みにしているのが、京都企業の独自性といえる一方で、大阪企業は、これまで大阪から東京に本社を移すことが多くあり、それが京都企業と大阪企業の違いだといわれたこともありました。

もっとも、最近はなにがなんでも本社を東京に移すという空気もなくなっているように感じます。私がお会いしている大阪の経営者たちは、東京でも仕事が増えているようですが、本社は大阪に残そうとする人が増えています。これは京都企業の動きを見て、考え方を変える人が増えたからではないかと思っています。

関西は空港や鉄道も発達していますし、今はオンラインで世界中とコミュニケーションもしやすくなっています。関西に本社がある強みを活かすことで、京都や大阪に本社を置く企業が増えていくことを期待します。

日本の経営学、神戸で生まれる

実は、日本の経営学発祥の地は神戸です。実際、神戸大学のキャンパスには「わが國の經營學ここに生まれる」の石碑があります。

平井泰太郎《ひらいやすたろう》氏が大正15（1926）年に神戸高商で経営学を開講し、これが日本で最初の経営学系の科目になったからといわれています。この講義は「経営学とは何か」にはじまり、今でいうところの企業形態論や経営管理理論などにも触れる、総論的な内容だったようです。なお、日本で最初に学術語として経営学という言葉を使ったのは、東京高商の上田貞治郎《うえだていじろう》氏です。もっとも、上田氏は、経営学の中味について考えていましたが、その方法論や教育には課題を残しており、本格的な経営学の教育カリキュラムまでには至っていなかったとの指摘が経営学者からあります。

神戸における経営学のスタートは、経営学の1科目でしたが、昭和4（1929）年の大学昇格時には経営学総論、経営業務論、経営労務論、経営財務論の4つに拡充され、現在の経営学部の一般的な講座運営に近いような体制が築かれます。その頃経営学はまだ草創期であり、授業は手探りであったようですが、外国の研究成果を紹介するだけでなく、学生たちも参加して日本企業の経営実態のフィールドリサーチも行っていたようです。**理論だけでなく実証を行っているあたり、さすが実践を重んじる関西の大学**です。

神戸で経営学科が創設されたのは、神戸経済大学に改称された昭和19（1944）年のことでした。日本初の経営学科となり、経営学士を授与できる教育機関となったのです。そして、経営学部の誕生は、戦後、神戸経済大学が国立大学再編の基本方針のもと、新制神戸大学へ生まれ変わった昭和24（1949）年。全国初の経営学部として発足し、経営学3講座・会計学4講座からなる経営学科と、商学5講座からなる商学科の2つの学科でスタートしました。

私学初の経営学部は明治大学経営学部であり、1953年と、神戸大学のほうが4年早くなっています。国立は研究、私立大学は実践というイメージがありますが、学生の人気学部でビジネスに繋がりそうな経営学では逆になっているところが面白く思えます。

一般的に当時は、経営系の学部には商学部と名付けられていました。実際、神戸とともに三商大と呼ばれた一橋大学と大阪市立大学（現在は大阪府立大学と統合して大阪公立大学へ）では商学部の名称がつけられました。

神戸大学では、商学系の教員がいたにもかかわらず、戦前から経営学に取り組んできたこともあって、ある意味現代的な「経営学部」という名前でいくことになったようです。

関西のもう一つの三商大である大阪市立大学についても説明したいと思います。まず、三商大というのは、戦前、商業実務家育成機関として各地に高等商業学校が作られ、その中で歴史が古く研究実績の大きい東京・神戸・大阪が三商高、もしくは三商大といわれました。なお、戦前の高等商業学校は戦後大学に昇格しており、現在の商業高校とは異なります。

さて、大阪ですが、明治13（1880）年に大阪商業講習所が、近代大阪経済の父ともいわれる五代友厚《ごだいともあつ》をはじめ、当時の大阪財界有力者16名によって創設されました。五代は「欧米先進国と対等に渡り合うには、商人にも学問が必要」と説き、東京に次ぐ我が国二番目の商法学校「大阪商業講習所」が誕生しました。その後は、「市立大阪商業学校」へと発展し、日清戦争終了後の不況のさなかにもかかわらず、「市民自身の手で高等商校を」

という大阪市民・同窓生の熱意により、1901年（明治34年）、市立大阪商業学校は、「市立大阪高等商業学校」への昇格が実現しました。そして、1928年には単科大学ながら学部・予科・高商部の三位一体構成を特色とする市立「大阪商科大学」となりました。

関西では、京大や阪大が学問を追求する一方で、神戸大学や大阪公立大学の前身組織が実学を推し進めてきました。

こうした理論と実践のバランスの良さが、関西の企業経営の基盤となっているのです。

第2章

じつは今もすごい、関西の会社の強み

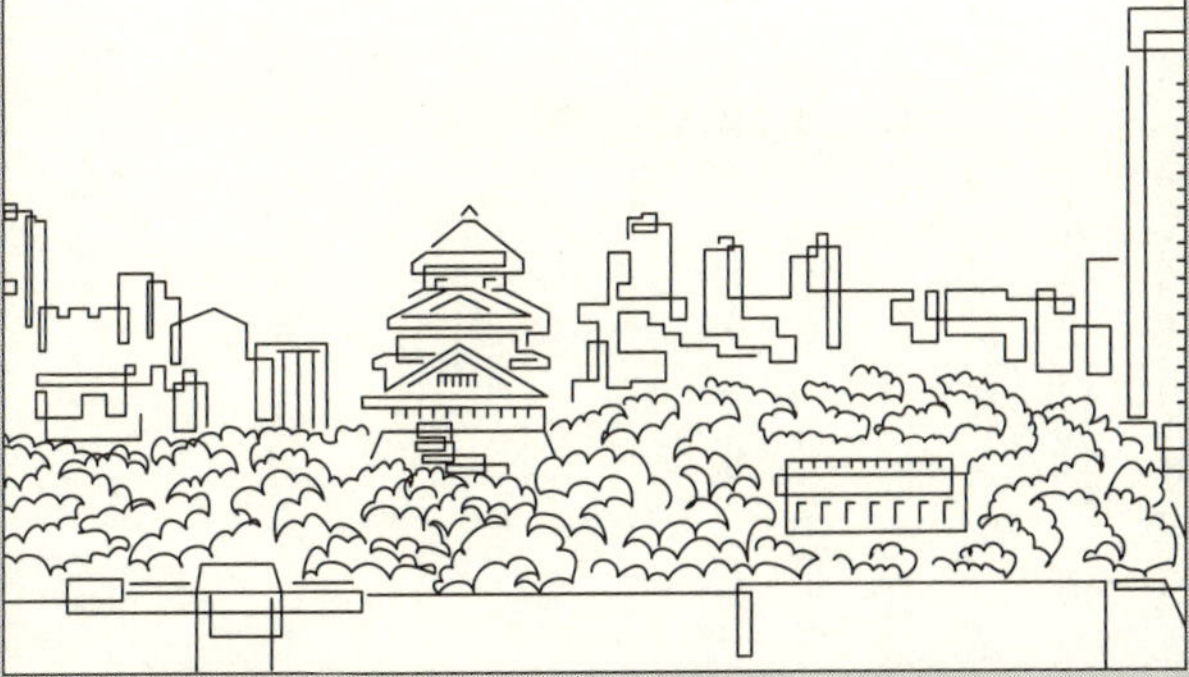

あのグローバル企業&有名企業は関西から生まれている

関西にはたくさん有名企業がありますが、全国的に展開していたり、全世界的なグローバル企業になっているのに、意外と知られていない企業があります。

まずは大阪といえば大手電機メーカーです。

一番有名なのは松下幸之助氏が設立した松下電器産業の流れを組むパナソニックです。これはいくらなんでもご存じですね。

洗濯機やテレビなどの身近な家電から企業向けの電子部品、自動車向けの部品など幅広く業務を行い総合電機メーカーとして世界的な企業です。2018年に創業100周年を迎え、いまも大きな存在感を発揮しています。パナソニックは2022年4月に持ち株会社制に移行し、持ち株会社パナソニックホールディングスの下に8つの事業会社を下げる形になりました。特に注目されるのは家電や電設資材などを手がけ、売り上げ規模が最大となる事業会社パナソニックです。白物家電や空調電設資材などに投資を集中し、売上高兆円規模の事業部門を複数抱えていく考えであり、グローバル企業らしく大きな経営改革を進めています。

パナソニックで注目されるのが、アメリカのサプライチェーン向けソフト大手、ブルーヨンダーの買収です。ブルーヨンダーは独自の人工知能が強みで、店舗での商品、売り上げをもとに工場に生産品目の優先順位を伝えるほか、取引先の工場の稼働状況や気象といった外部データを取り込んで、サプライチェーンのリスクを分析するというところに強みを持っています。

サプライチェーンとは、商品の企画・開発から、原材料や部品などの調達、生産、在庫管理、配送、販売、消費までの商品の川上から川下まですべてのプロセスを指します。サプライチェーンには原材料の仕入れや、工場の稼働時間、出荷の予定、商品の発売時期など、様々な要素が影響しています。そしてどこか一か所で問題が発生すると、サプライチェーン全体が止まってしまいます。そのため、サプライチェーンの中に問題が発生すると、余計なコストが増えたり、生産スケジュールが遅れたりします。つまりサプライチェーンを安定的に運営できるかどうかでビジネスの勝敗が決まってしまうのです。

パナソニックは、この技術を顧客向けのサービス提供だけでなく、自社のサプライチェーンの改革にも活用する方針です。メーカーは従来、お客様に商品を売る「モノ売り」をしていましたが、今後はサービス提供等、コトを売るという新しいビジネスモデルに転換します。また車に載せる車載電池もパナソニックの強みです。新型電池4680は、従来品よりも生産コストが低く、テスラ以外のアメリカEV大手への供給も考えています。

家電メーカーでは、空調家電、生活家電、キッチン家電、AV機器等手広く手掛けるシャープがあります。**創業者早川徳次《はやかわとくじ》の「まねされる商品を作りなさい」という言葉**を大事にして、新しい商品を多く生み出してきました。なお、皆さんが使っているシャープペンシルは、シャープが開発した製品です。この時は東京で営業していましたが、関東大震災で工場を焼失し、借金返済のため、筆記具事業を取引先に売却し、会社を解散しました。そして関西に移ってきて、いまのシャープを立ち上げました。

高収益企業であり、そして**社員の平均年収が2000万円近くある企業として有名なキーエンスも、関西の会社**です。工場を自動化するファクトリーオートメーションが主な領域で、自動車、半導体、電子機器、機械、化学、食品など様々な分野の企業に商品・部品・サービスを提供しています。最近は工場だけでなく、テーマパーク、物流施設、研究機関などまで得意分野が広がっており、モノを動かしたり、検査したりする場所で商品が使われています。

ダイキンの上司は、「もっと歯向かえ」と部下にいう

最近規模を急拡大させた企業としては、空調機大手のダイキン工業も見逃せません。世界シェアトップであり、また海外の企業のM&Aにも積極的です。ダイキンは30年前の1994年当時の売上高は約3000億円でしたが、2023年度の売上高は約4・4兆円で、約14倍へと成長しており、関西企業の急成長株といえます。「ぴちょんくん」というキャラクターでも有名です。

さて、ダイキン工業の急成長の裏側には、様々な努力や工夫があったと多くの経営学者

が指摘しています。とりわけダイキン工業の凄さを感じるのは、**日本の市場がバブル崩壊や少子高齢化で成長力が落ちていくとみるやいなや、世界市場にどんどん打って出た積極性**です。

日本に閉じこもるのではなく、世界80億人を相手にした、その元気の良さがダイキンの凄いところです。地域によっては現地企業との提携を進め、提携ではその市場を開拓できないと判断すると、大型買収をするといった様々な戦略をうまく組み合わせています。**ある地域でうまくいったからといって、その戦略を他の地域には応用せず**、現地のことを徹底的に理解して仕事をしています。また良いものを売ればいいという発想だけではなく、現地の規制やルール作成にも積極的に関与して、自ら市場を作り上げていくという大胆な企業でもあります。十河社長は、「我々は中小企業、常に謙虚であれ」と雑誌などでおっしゃっていますが、ダイキンの方を見て私も思うのは、大企業の社員というよりは、スタートアップ企業や中小企業のようなのびのびしたところを感じます。大企業病に陥っていないところが強みといえるでしょう。

日経ビジネス２０２４・3・18号では「ダイキン野生の経営」という特集が組まれてい

ましたが、まさしく「野生」が魅力の会社だと思います。**上司が部下に「もっと歯向かえ」といったり、「あなたはどう思う?」と聞く文化がある**ということらしいですが、本音で上下がコミュニケーションできていることが面白いところです。

大阪といえば住友グループが有名ですが、その中核企業の住友電気工業は大阪に本店を置いています。関西経済連合会の会長を何名も輩出しているまさに名門企業です。自動車向け電線で世界トップクラスの企業です。近年、注目が高まる電動車向けの製品開発を加速させています。主力のワイヤーハーネスは、従来の半分程度の重さのアルミ合金性の生産量を増やそうとしています。交通インフラと車を通信でつなぐ自動運転技術も開発しています。

また、再生可能エネルギーにおいても、住友電気工業の技術が生かされています。洋上風力などで電気が作られてもそれを遠く離れた都市部へ効率的に届けていくことが当然ながら重要です。その時に大事なことは効率が良い送電線です。送電の効率が悪いと、どれほど電力を生み出しても消費地に届くまでに失われてしまいます。電圧が高いほど同じ電力量でも必要な送電線の本数が減り、コストを減らせます。そうしたなか、住友電工が作る送電線は、世界最高という高電圧に耐えることができます。

建設の世界でも多くの企業があります。現在関西経済同友会の代表幹事を輩出している大林組のほか、竹中工務店、奥村組などが大阪に縁がある建設会社です。2025年に開催される大阪・関西万博のパビリオン建設でも存在感を発揮しています。

ハウスメーカーでは大和ハウス工業や積水ハウスといった会社もあります。大和ハウス工業は2009年度の売上が1・6兆円でしたが、2023年度は5・2兆円と14年で3倍以上に規模を拡大しています。そして戸建住宅だけでなく、賃貸住宅、マンション、商業施設、事業施設などバランスよくビジネスポートフォリオを構築しています。人材育成についても、創業者の「事業を通じて人を育てる」**「まずやってみること、理論はあとから付いてくる」**との言葉を大事にしており、スタートアップのような動きの速さが魅力の企業です。積水ハウスが注目されるのは、累積建設戸数です。2024年1月31日現在で266万戸建設しており、これは世界のハウスメーカーで№1です。

スポーツや医療を支えるのも、関西の地場産業

関西の地場産業といえるのがスポーツ産業。ミズノ、デサント、SSKなどがその代表的な企業です。神戸にはアシックスがあります。

スポーツ産業のクラスターが集結している理由として、スポーツ産業はそもそも大阪から始まったということが指摘できます。まず、1906（明治39）年に、現在のミズノが大阪市北区に運動用品店を創業しました。ミズノの創業者である水野利八《みずのりはち》が19才の時、当時話題になっている野球を一度見てみようと、京都へ三高（現在の京都大学）と神戸の外国人クリケット倶楽部との試合を観戦にいきます。そのとき、一生懸命にプレーしている選手たちの姿に感動し、利八は野球の魅力に取りつかれ、運動用品店を創業しようと決めたと伝えられています。最初は靴下、シャツ、ズボンなどを扱っていましたが、やがて野球ボールや運動服の製造販売を始めます。なお、水野利八は、「オーバーセーター」「カッターシャツ」「ボストンバッグ」「ポロシャツ」など、いまも日本人になじみのある言葉を

生み出すなど、まさに日本のスポーツを物品面から支えた、スポーツ界の父といえる人です。また、水野利八は、子どものころ、濃尾大震災で家が被災し、父が亡くなるという苦境にいたのですが、「自分の手で水野家を再興する。水野家再興の証として、間口は昔と同じでも、高さは百尺の店を建ててみせる」と誓い、やがて1927年に大阪・淀屋橋に地上8階建ての当時の大阪では屈指の高層ビルを建設し、美津濃本社としました。

後述しますが、**大阪・関西の経営者には苦境から逆転していく方が多い**のですが、新商品を生み出す独創性だけでなく、くやしさをばねに復活するところは関西の経営者の系譜に繋がると思います。なお、このビルは、実際の高さはあえて98尺8寸にとどめました。**「個人的な目標を達成して安心してはいけない、満足してはいけない」という自分自身への厳しい戒めのあらわれ**でもありました。

ゼットは、1920年に渡邉梁三が袋物・鞄製造卸の渡辺梁三商店を創業して、戦後の1950年に息子の渡邉眞良がスポーツ用品に特化した総合運動用品商社「渡辺運動用品株式会社」を設立します。特に野球用品の製造販売に力を入れ、業容を拡大しました。

デサントは、1935年に石本《いしもと》他家男《たけお》が前身である「ツルヤ」を創業。1953年に綿布に防縮加工を施した野球用ユニフォームやトレーニングパンツを開発し、1961年に社名を株式会社デサントに変更しました。エスエスケイは、1946年に佐々木恭三が京都市下京区に運動具店を創業したのち、大阪市中央区松屋町に移し、社名を「佐々木恭商店」とし、その後業容を拡大していきました。

アシックスは、1949年に鬼塚喜八郎《おにつかきはちろう》が神戸でバスケットシューズの製造販売をする鬼塚商会を創業。選手や監督の意見に耳を傾け、シューズの改良を進めながら全国を営業で回り、オニツカ商品の普及を図りました。新鮮かつ印象に残り、スポーツシューズにふさわしい強さと敏捷性を表す動物として虎を採用し、シューズブランドを「オニツカタイガー」としました。オニツカタイガーはいまでも世界で人気があるブランドです。

さらに山登りをされる方にとっては、非常に馴染みの深いブランドであるモンベルも関西の会社です。創業者の辰野勇《たつのいさむ》氏は、1969年に中谷三次氏とともにアイガー北壁に挑み、当時の世界最年少での登頂に成功しました。モンベル創業前には大阪・梅田の登山用具店「白馬堂」の営業社員を務めた後、総合商社の繊維部門に勤務しました。商社で仕事をしているうちに、自分でもものづくりをしたいという気持ちが強くなり1975年にモンベルの創業に至ります。

また、薬の聖地といわれているのが道修町です。そこから多くの製薬企業が生まれています。まずは、国内トップの武田薬品工業があります。大阪の道修町と東京の二本社体制を敷いています。1781年、初代近江屋長兵衛は、幕府免許のもと、日本の薬種取引の中心地であった大坂・道修町で和漢薬の商売を始め、そこから世界的な大企業へと成長しました。10年前は海外売上高は約50％でしたが、今やそれが80％になっています。日本人従業員も約10％であり、いまや「武田」から「TAKEDA」になっています。

関西の製薬企業で注目されるところとしては、ノーベル賞で有名な、がん免疫薬のオプジーボを製造販売する小野薬品工業があげられます。

オプジーボは日本において世界で初めて皮膚がん（メラノーマ）の治療薬として承認された後、2015年には非小細胞肺がん、2015年には腎細胞がん、ホジキンリンパ腫、2017年には頭頸部がん、胃がん、2018年には悪性胸膜中皮腫と適用を拡大していき、さらに今、食道がん、肝臓がん、卵巣がん、大腸がんなどでも治験が進んでいます。

がんが治る病気になった大きなきっかけとなっている薬です。同社はナスダック上場の米バイオ製薬デシフェラ・ファーマシューティカルズの買収を2024年4月に発表するなど、様々な前向きな動きを加速しています。

感染症に強いシオノギ製薬も大阪の企業です。1878年に誕生した薬種問屋「塩野義三郎商店」が発祥で、新型コロナワクチンの国産化にも成功しています。収束したタイミングでの承認であり、実用化の予定はないとのことですが、変異ウイルスに対応した今後のワクチン開発に繋がる第一歩となります。また、「新たなプラットフォームでヘルスケアの未来を創り出す」ことを掲げています。創造力と専門性をベースとして築き上げてきた創薬型製薬企業としての強みをさらに進化させ、異なる強みを持つ他社・他産業から選ばれることで、ヘルスケア領域の新たなプラットフォームを構築する「協創の核」となるべく自らを変革し、医療用医薬品を中心に提供する「創薬型製薬企業」から、ヘルスケアサービスを提供する「HaaS（Healthcare as a Service）企業」へ進化することを目指しており、製薬企業から人々の健康全体を考える企業に高度化しているといえます。

その他にも田辺三菱製薬、大日本住友製薬、テレビのコマーシャルでお馴染みのロート製薬などがあります。世界で売上高上位に入るような薬を作れる国は10か国程度といわれ、日本は上位5か国に入っている製薬大国です。**「製薬大国　日本」を引っ張っているのが関西企業**といえます。

「子どもたちの仕事は食べることと、遊ぶこと」グリコの精神

大阪といえば「食い倒れ」を背景に食品関係の会社もたくさんあります。「京都の着倒れ、大阪の食い倒れ」と古くからいわれていますが、京都は着物に、大阪は飲み食いに、贅沢をして財産を失うという意味です。**いっぱい食べて体が倒れるのではなく、食べ物にお金を惜しまないという意味**です。

食品関係で有名なのは、江崎グリコ、ハウス食品です。

江崎グリコ創業者の江崎利一《えざきりいち》は、それまで捨てられていた牡蠣の煮汁に栄養素のグリ

コーゲンが大量に含まれていることを知り、子どもたちの健康増進のために牡蠣のエキスを食品に使うことを考えました。

その際、栄養剤ではなく、お菓子に入れることを思いつき、苦心の末、栄養菓子グリコの商品化に成功します。そして栄養価の高いグリコを、より多くの人々にアピールするため、目を引きつける色のパッケージ、ハート型ダンス、万歳でゴールするランナー、1粒300メートルのキャッチコピーなど、マーケティング的に斬新なアイディアを次々折り込み、他の菓子との差別化と商品イメージの確立を図りました。

また「子どもたちの仕事は食べることと遊ぶこと」との考えから、栄養菓子グリコと豆玩具を1つの箱に入れて売り出すといった工夫をしています。つまりグリコのおまけです。さらに、試供品の配布、自動販売機の設置などにも取り組みました。まさに食の世界のイノベーターといえる存在です。

ハウス食品は1913年、大阪松屋町筋で薬種化学原料店浦上商店を創業したことから始まります。そして、洋食が普及し、カレー粉に含まれる香辛料の多くが漢方と共通することに創業者の浦上靖介《うらかみせいすけ》が注目して、日本人の味覚に合ったカレー作りに取り組みました。

ハウス食品の独創的なところは、**食品業界で初めて街頭で女性販売員による実演販売試食を開始したこと**です。そしてカレーが軌道に乗るとハヤシライス、こしょう七味からしなど取扱商品を拡大していきました。

戦後、人々の生活が忙しくなるなか、即席ハウスカレーを開発しました。またカレーは大人の食べるものという固定観念を破り、リンゴと蜂蜜入りのバーモントカレーを発売。子どもたちにも喜ばれるような食品を作っていきました。

いまでも「食で健康」をグローバルに届けるために新たな手を打っています。一つがカレーチェーン国内最大手のカレーハウスCoCo壱番屋を展開する壱番屋の買収です。

これは業界の注目を集めたものでした。なぜならば、食品メーカーは小さい外食企業を買収したことはありますが、壱番屋のように、ある程度規模感のある外食企業を買収するというのはこれまであまりなかったからでした。実際、ハウス食品の連結売上約2000億円に対して、年商440億円の壱番屋はかなり大きな買い物といえます。壱番屋は買収前、売上高経常利益率が10％を超えていて、外食企業としては優等生です。そのため、大手グループに入らなくても十分やっていける会社であったことも意外感に繋がりました。一方で一部の業界関係者からは、当初から「納得」の声も多く存在しました。そもそも壱番屋にはすでにハウス食品からの資本が入っていたほか、さらにスパイスなどの食材で両社には取引があったためです。意外性と納得性のある合併であったといえます。

さて、日本国内におけるカレーショップの競争構造は独特です。リーダーであるCoCo壱番屋は約1000店舗を展開しているのに対して、2番手と目されるゴーゴーカレーは100店舗弱にとどまっています。その意味で、ダントツの業界トップの壱番屋をグループに入れたハウス食品は、カレーのトップメーカーとしてさらに力を増しているといえます。また、スパイス専業のギャバン、食の専門商社である「ヴォークス・トレーディング」もグループに迎え入れています。

壱番屋が出てきましたので、同社を創業した宗次徳二《むねつぐとくじ》氏の人材活用の話が興味深いのでご紹介します。なお、宗次氏は石川県生まれで関西の方ではないのですが、一時期尼崎にいたので少し強引に関西経営者としています。

宗次氏は、生後間もなく兵庫県尼崎市の孤児院に預けられ、3歳の時に養父母へ引き取られましたが、養父のギャンブル癖のため、少年時代は各地を転々とする極貧生活を送ったそう。こうした苦労を経て、強い自立心が培われ、全くのゼロから東証一部へ上場するほどの一大チェーンをつくり上げました。「経営が趣味」と公言する宗次氏は、ゴルフや飲み会にも一切顔を出さず、ひたすら本業に身をささげてきたというストイックな経営姿勢が多くの人々から尊敬されています。宗次氏によると、**「売り上げが落ちたのなら、掃除をしなさい」といって、オーナーさんたちを鼓舞していた**とのことです。

要は、自分の経営姿勢をどう示すかが重要であり、掃除でも、笑顔でも、感謝の言葉でもいいので、経営者の真心をきちんと伝えれば、売り上げは必ず回復すると発言しています。だからこそ、「よそ見している暇なんてない」とのことです。経営には心が大事であることを示しています。そのうえで、安易に値下げをしたり、おまけをつけるような経営を諌めています。私の解釈ではきちんと心を込めて経営して、お客様が喜んで対価を払うようにしなさいと指摘しているように思います。

さて、ここで掃除という話がありますが、どうやら掃除には経営を良くする効果があるようです。というのも私が聞いた話ですが、あるマンションオーナーさんが毎日そのマンションの入り口を掃除していると、入り口がきれいになったことで、新しいテナントさんが入るほか、テナントさんからのニーズを聞き出すことができてそれに合わせて改修などをした結果、人気マンションになったそうです。またある建設会社の人に話を聞いたところ、現場が綺麗なところは作り上げる建築物もかなり出来が良いとのことです。「値下げをするのではなく、掃除」というのは、奥深い真理かもしれません。

「やってみなはれ」のサントリー、「カップヌードル」の日清

「やってみなはれ」という言葉を生み出したサントリーも、大阪に縁があります。

関西経済同友会で代表幹事を務め、その後も大阪商工会議所会頭を務めている鳥井信吾《とりいしんご》氏はサントリーホールディングス代表取締役副会長です。関西への地域貢献にも熱心な会社として有名です。また、「ジムビーム」を持つ米ビームの買収で、スピリッツ（蒸留酒）世界10位から3位へと飛躍しました。ビーム買収に投じた資金は実に160億ドル（当時のレートで約1兆6500億円）とまさに金融史に残る巨額買収でした。世界で最も売れ

ているバーボンウイスキー「ジムビーム」のほか「メーカーズマーク」「ラフロイグ」などのブランドを手に入れました。

この合併を機にリージェントという新商品を開発、それまでもジンやウオッカの開発で協力してきましたが、ウイスキーは原酒を樽で十分に熟成する必要があり、日米で製法が異なります。技術の融合が難しいとされた分野で合作品を仕上げたことは、ビームとの統合作業が進んでいると各方面で受け取られました。

NHKのドラマでも有名になった日清食品も、大阪にルーツがある会社です。日清食品の創業者である安藤百福《あんどうももふく》さんはカップヌードルを開発して、世界的な食品にしました。余談ですが、1年間で全世界で食べられるインスタントラーメンは1000億食といわれ、地球上に住む全員が1人13食以上食べたと試算できます。

また、インスタントラーメン発祥の日本では、国内最大の発明品を決める選挙で、特急列車やノートパソコン、カラオケを破り、インスタントラーメンが何度も選ばれています。

かつて米国の刑務所では盛んに取引される商品といえば「たばこ」でしたが、いまは「インスタントラーメン」であるそうです。**関西が世界を変えた象徴**といってよいでしょう。

回転寿司のスシローも大阪発祥の会社です。スシローといえば、ドバイ万博に出店して、世界に日本の回転すしを宣伝して知名度をあげました。機械化を徹底することで、極力人手を介する部分を減らした結果、清潔な空間で寿司を提供しています。コロナ禍の際には、清潔な商品提供が評価されて、多くの消費者がスシローにつめかけることとなりました。**機械化が進んでいますので、人手不足への対応という観点からも注目されている企業**です。

東洋のマンチェスターと呼ばれた、大阪紡績業

大阪は明治時代、紡績業が盛んで東洋のマンチェスターといわれた歴史があります。明治維新後の大阪の発展は紡績業が支えてきました。その名残として東洋紡とユニチカがあります。

東洋紡の前身は、日本最初の大規模紡績会社である大阪紡績会社です。海外からの輸入

に頼らないことを目指す渋沢栄一《しぶさわえいいち》の主唱により、華族を中心に政商、綿関係商人を加えて1882年5月に創立された会社です。絹、綿、ウール、レーヨン、合成繊維を扱う中で培ってきた技術を応用し、幅広い分野で数多くの技術を創出し、現在は、フィルム、自動車用資材、環境関連素材、バイオ・医薬など、多くの高機能製品を提供する「高機能製品メーカー」へと発展しています。中でも食品包装用のフィルムでは日本のトップクラスとなっています。

菓子やインスタントラーメンの包装、ペットボトルのラベルが主力となっています。その他についても、液晶画面を見やすくする偏光板用の保護フィルム製品、人工透析機で用いられる医療用の膜製品、海水淡水化装置用の膜製品などが注目されています。

1995年頃までは売上高の7割が衣料繊維、その他の分野が3割という事業ポートフォリオでしたが、今は非繊維事業分野が7割、衣料繊維が3割程度と逆転しており、構造転換の好事例ともいわれます。

ユニチカは1889年に開業した尼崎紡績が前身で、その後大日本紡績株式会社となりました。なお、大日本紡績は、貝塚工場に全社統一の女子バレーボール部を設立し、それが日本女子バレー史に燦然と輝くニチボー貝塚となりました。

兵庫県の尼崎市は大阪市でもないのに市外局番が06ですが、それはこの尼崎紡績に由来があります。尼崎紡績は設立した直後、商都・大阪の取引先との連絡が欠かせないのですが、大阪市内にある電話回線が、尼崎にはないという状況になりました。

そうしたなか尼崎紡績は1893年、大阪市内から本社まで13キロにわたって、自費で電柱を建て、電話線を架設し、大阪と連絡が取れるようになり、ビジネスの円滑化に成功しました。すると、他の尼崎の企業も空いている時間は電話線を借りるようになりました。そして、尼崎に電話局ができてからも、基本的に大阪との連絡が電話の主体になります。

戦後直後は、尼崎からの1日約1万件の市外通話先のうち、大阪が約6500件を占めていたため、ちょっとでも電話代を安くしたいと思うのが人情です。尼崎市と市議会、尼崎商工会議所は1953年、日本電信電話公社（現NTT）に対し、尼崎全域を大阪電話局管内に編入するよう陳情しました。しかし、そうやすやすと首を縦には振ってくれません。そして、公社側は、電話局再編に巨額の費用がかかることを理由に、当時の価格で

2億2600万円分の「電信電話債券引き受け」を条件として提示することとなりました。これに対して、尼崎商工会議所などは電話利用者、新規申込者、地元企業に協力を要請して、見事、要求額を集めてみせ、1954年に尼崎市は大阪電話局管内に編入され、市外局番整備のタイミングで大阪市と同じ「06」が割り当てられることとなりました。「尼崎商工会議所80年史」によると、大阪市との通話料は1回14円から7円に安くなり、「尼崎の産業経済活動に大きく貢献した」のです。

GAFAに負けるもんか！の農業分野

関西が強い企業として意外な分野に、農機具があります。世界でもシェア3位のクボタ、ヤンマーなどが関西の企業です。

農業は現在、世界的に成長産業といわれています。その理由は、世界の人口は当面増加することが見込まれ、食料需要は世界的に拡大すると予想されるからです。また、AIやロボットなどを活用した効率の良いスマート農業で、生産性の向上が期待できることや、新興国が裕福となり、高級食材への関心が高まっており、和食というブランドのある日本農業への関心も高まっている、などが指摘できます。そうしたなか、世界でも高いシェアを誇るクボタやヤンマーがあることは、関西経済の今後について明るい希望を与えます。

世界の農業はこれまで人手に頼っており、効率が悪い産業といわれてきました。しかしながら、収穫作業をロボットに置き換えるなど、デジタル技術の進展で労働集約型産業からの脱却を図っています。伝統的なトラクターメーカーであるクボタは、農業の創造的破壊の動きの中、存在感を発揮しています。

例えば2019年にスタートアップとの連携を担う組織を設立し、北米を中心に様々な企業に出資しています。自分たちのグループの傘下に収めるという発想ではなく、仲間づくりを進めています。また農業分野のゲームチェンジャーになることを目指しており、種まきから収穫までマルチな機能を持つトラクターの開発や複数台を同時に遠隔制御して自動運転で走らせることなどを考えています。農機具の自動運転を目指し、作業効率や安全性の向上のためにカメラによる認証技術を高めようと、海外のＡＩや半導体メーカーとの連携もしています。

世界の多くの産業が、ＧＡＦＡを始めとしたＩＴプラットフォームに接していることに対して危機感を持ち、生育状況や作業の進捗を管理できる支援システムなどを生産者に提供しています。クボタも、ＩＴプラットフォームが情報を吸い上げる仕組みになると、農業データという強みを封じられてしまうことに対して危機感を持っています。顧客接点を生かして、**農業や水環境などの事業分野においてＧＡＦＡ独占を阻止しようと懸命に頑張っています**。

もう一つの農機具メーカーがヤンマーホールディングスです。資源循環型農業の実現に挑んでいます。その切り札と期待されるのが籾殻《もみがら》発電システムです。稲の籾殻で電気と熱を作り、燃えかすは肥料として土に戻すことで資源が循環するという仕組みです。強みであるエンジンと燃焼に関する知見を最大限生かし、脱炭素への関心の高まりを背景に農業を変革することを目指しています。

カーボンゼロに関しても、関西が存在感を示しています。大学や素材、機械産業が集積する強みを生かして脱炭素に関する研究が進んでいます。例えば川崎重工業と地球環境産業技術研究機構はアミンというアンモニアの仲間の物質でコーティングされた丸い直径数ミリメートルの吸収材を使い、二酸化炭素の分離回収技術の確立に取り組んでいます。関西電力も協力し、研究がいっそう進んでいます。

京都大学は無数に開いた微細な穴に気体を閉じ込める、多孔性金属という材料を1990年代に開発、次のノーベル賞候補者ともいわれる北川進特別教授が研究を進めています。神戸学院大学の稲垣冬彦教授は大気からCO_2を直接回収する、ダイレクトエアキャプチャーに向けた研究開発を進めています。

カナデビア（旧日立造船）は二酸化炭素と水素を反応させ、燃料に使えるメタンに変える技術メタネーションの国内の先頭ランナーとなっています。さらに積水化学は二酸化炭素から化学の原材料として広く使われる一酸化炭素を作る技術の実用化を目指しています。

次世代のエネルギーとして注目される水素は、関西の企業が引っ張っています。

例えば岩谷産業は国内の販売量で約7割のシェアを握っています。神戸市においては、川崎重工、岩谷産業、丸紅などが世界初の液化水素運搬船を使い水素を輸入する実証実験に取り組んでいます。液化水素運搬船「すいそ ふろんてぃあ」はオーストラリアから液化水素を神戸まで運搬していますが、この運搬船には、製造した川崎重工が長年培ってきた特殊なノウハウが生かされています。ロケットの燃料となる液化水素の貯蔵タンクや、LNG運搬船を製造してきた技術の蓄積であり、まさに世界の脱炭素に向けて日本の技術力が反映されています。

EVに使う次世代型蓄電池の開発でも関西は先進地域です。大阪府池田市の産業技術総合研究所関西センターは、1950年代から60年以上も電池の研究開発を続けてきました。2010年敷地内に作られた技術研究組合のリチウムイオン電池材料評価研究センターには、パナソニック、トヨタ、GSユアサなどが参加しています。既存のリチウム用電池を性能で上回る全固体電池の実用化が研究のテーマです。具体的には、①液漏れ・発火・凍結リスクが低く、安全性が高い、②自由に設計しやすい、③寿命が長い、④対応可能な温度域が広いなどのメリットがあるといわれ、今後への注目が高まっています。

経営の神様が、うじゃうじゃいる

京都は世界シェアトップクラスを誇る有名な企業がたくさんあります。経営の世界で多くの人から尊敬されている稲盛和夫氏の京セラ、永守重信《ながもりしげのぶ》氏のニデック（旧日本電産）が有名です。また、村田製作所、ＮＩＳＳＨＡ株式会社、スクリーン、オムロン、堀場製作所等、世界でトップを誇る様々な製品を作っている企業もあります。ゲーム機のトップメーカーである任天堂、蓄電池などで世界的に評価されているＧＳユアサ、ノーベル賞を受賞した田中耕一さんを輩出した島津製作所、様々な電気集積回路を作っているロームなど有名企業がたくさんあります。

その他の大阪の有名企業としては、文房具や家具で有名なコクヨも大阪の企業です。コクヨでは、「人々が自律し個性に沿った自己表現・他者貢献をする」「社会システムが個人の自由と社会最適を両立する」「個人同士が適切につながり協働のコミュニティが生まれる」ような未来のシナリオを「自律協働社会」と呼び、２０３０年にめざす社会としています。こうした大きな社会へのビジョンを描いているところが新たな魅力になりつつあります。また、創業者の黒田善太郎《くろだぜんたろう》氏の名言も考えさせられるものがあります。

それは**「売れる原因が1つや2つであればすぐに追い抜かれる。何が原因か分からないがなんとなくいいといわれる商品を作らねばならない」**というものです。これは、商品は数個のセールスポイントがあってもダメであり、全部がいいことが必要であるというものです。そして全部がいいとは商品だけでなく、販売員の態度、商品を包装するダンボールなどまで含めてのすべてであり、そうなると、お客様から見て、どこがいいかすぐわからないことが重要ということです。すべてを高めていって、パッケージで良いものを作るべきというのはとても重要な視点です。

レジャー施設のラウンドワンも大阪の企業です。1980年に大阪府泉大津市にローラースケート場（ゲームコーナー併設）をオープンし、そこから、ボウリング・アミューズメント・カラオケ・スポッチャ（スポーツを中心とした時間制の施設）等を中心とした、地域密着の屋内型複合レジャー施設の運営を幅広く手がけています。日本で100店舗以上拡大していますが、2010年から北米進出をスタートしています。ボウリングの専門店が中心だった米国で複合遊技施設という形態の珍しさを武器に2023年10月末時点で48店舗を運営しています。米国では高級和食を開業する予定です。

引っ越しを専業とする日本初の会社「アート引越センター」も大阪の会社です。荷造りご無用や輸送中の家財殺虫など、「あったらいいな」というサービスを次々に打ち出し、日本の引っ越し業をけん引しました。名誉会長の寺田千代乃氏は女性経営者として非常に有名であり、関西経済同友会の代表幹事や関西経済連合会の副会長をされるなど大活躍されています。

パソコン・周辺機器ではエレコムがあります。市場の需要・トレンドに合った製品を迅速に市場に投入することで成長を続けてきました。商品点数は約17000点と非常に多いのにもかかわらず、市場動向によって3〜4年ですべて入れ替えるといった企画開発力・調達力・販売力がある会社です。創業者である葉田順治氏は、家業の製材業からコンピュータ市場の将来性を先見して創業し、以来、パソコンの周辺機器を事業領域として業績急伸させ、一代で売上1000億円企業へと成長させています。

世界有数の自転車部品および釣り具などを製造・販売するグローバル企業であるシマノ

も関西の会社です。同社は２０２１年、創業１００年を迎え、主要事業はスポーツ自転車部品や釣具などの開発・製造・販売です。全売上のおよそ9割は海外事業の売上であり、スポーツ自転車部品は世界シェアの85%を占めています。

段ボールの名付け親は、段ボールのトップメーカーのレンゴー創業者の井上貞治郎《いのうえていじろう》です。井上氏といえば、「きんとま」哲学が有名です。「きんとま」とは、「きん」はお金と、金鉄のように固い意志を表し、「と」は英語でいうand、「ま」は真心の真と、間を意味します。この「間」という字の上に「時」をつければ「時間」、「空」をつければ「空間」、「人」をつければ「人間」になります。すなわち「きんとま」とはgold and timing、金鉄の意志・金・真・間の四つを握ったら死んでも離すなという商売の鉄則であり、タイミング、チャンス、商機を逃さず、人・モノ・金と心を大切に経営をせよ、というものです。レンゴーではこれを現代風に解釈して、**「お金と強い意志を持ち、人、時間、ものを大切にしながら真心をこめて事業経営をしなければならない」**と解釈しているようです。

日本酒の大手企業も関西に多くあります。

例えば、京都の月桂冠は１６３７年創業と非常に長い歴史を誇っています。また、月桂冠の酒は、天皇陛下御即位の大禮に際しての「御用酒」として使われています。そもそも関西は古くから酒造りが盛んでした。奈良の正暦寺が清酒発祥の地とされているほか、京都・伏見は古くから酒処として知られています。兵庫・灘のお酒も有名で、かつて幕府が置かれた江戸（現在の東京）で飲まれていた酒のうち8割が灘で造られていたほどです。皆さんは宮水をご存じでしょうか。「宮水」とは、もともとは「西宮の水」が略されたもので、その名のとおり、兵庫県西宮市の沿岸部で湧き出る井戸水です。「宮水」は、古くから西宮を含む灘五郷で造られる灘酒の品質を支える要素のひとつとして知られてきました。

宮水はミネラル分が豊富な「硬水」で、とくに酵母のはたらきを活発にするリンやカリウム、カルシウムが多く含まれています。一方で、酒の色や香りを悪くする鉄分は少なく、酒造りに最適なミネラルバランスとなっています。この良質な宮水のおかげで灘の日本酒産業は大きく発展しました。沢の鶴、剣菱、白鶴などが有名です。

神戸は京都と大阪とちょっと違う個性的な企業が多くあります。まず優良外資系企業の日本法人があります。具体的にはネスレ日本、P&G、日本イーライリリーなどです。

神戸で今伸び盛りの企業といえばシスメックスです。医療の臨床検査機器や検査用試薬を作っている会社で時価総額は兵庫県でトップレベルになっています。また阪神工業地帯を支えてきた老舗の製造業もあります。オートバイや航空機、鉄道車両等で有名な川崎重工、鉄鋼の大手である神戸製鋼所、タイヤのダンロップで有名な住友ゴムなどです。

また、おしゃれな街・グルメの街のイメージを作ってきたのも、神戸企業です。アパレルのワールド、パンのドンク、洋菓子のモロゾフ、バターの六甲バターなどがあります。意外なところでは、化粧品のノエビア、子供服・ベビー服の西松屋チェーンも、兵庫県の会社です。

スタートアップ企業は、東京独壇場ではない

大企業がいろいろなしがらみに縛られる中、自由に新たなものを作り出していくスタートアップ企業に対して世界的に関心が高まっています。

これまで日本はスタートアップ後進国といわれてきました。しかしながら、最近若い人の間では起業に関心を寄せる人が増えています。スタートアップを立ち上げたいと思う大学生も増えていますし、大学の中にスタートアップのための部活等ができることも増えてきました。高校などによっては、一番人気がある職種がスタートアップという話も聞きます。また最近日本経済が注目される理由として、海外の投資家やエコノミストは日本の若い人たちがスタートアップを作ることに熱心になったことを指摘しています。

一方で、日本のスタートアップをめぐる環境には一つの大きな問題があります。それは東京一極集中です。例えば、ある調査によれば、東京に本社を置くスタートアップの数は日本全体の66％を占め、資金については78％も占めています。

しかしながら、少しずつですが、この一極集中が変わりつつあります。設立数と資金について、東京の割合は年々減少しつつあり、代わりに関西圏が徐々に存在感を高めています。

年間のスタートアップ設立数は、東京では2015年に693社が生まれ、全国シェアは71・22％となっていました。その後は東京の割合は低下し、2022年には63・65％と、直近10年で最も高かった時期と比べて7・57ポイント下落しています。また、設立数を都道府県別に見ても、東京都の1万395社がダントツ1位ですが、大阪が2位（810社）、京都が5位（408社）と上位にランクインしています。

また、2023年の新設法人数（市区群別）を見ると、依然として東京優位は変わりませんが、大阪市中央区、大阪市北区がベスト10に入っており、大阪も気を吐いています。

関西のスタートアップが元気な理由としては、有力な大学が立地していて、大学の研究成果を活かしたスタートアップが生まれやすいということも指摘できます。

大阪大学発で、2022年に上場を果たしたマイクロ波化学（大阪府吹田市）や、東京大学・京都大学の研究を元にiPS細胞から血小板を作り出す技術の事業化を手掛けるメガカリオン（京都府京都市）などが注目されます。

実際、近畿経済産業局の調査では、関西スタートアップの活動分野について医療やバイオ・創薬等のライフサイエンスが上位で、IT系が多い全国（主に東京）と傾向が異なっています。また、ロボティクスの比率も高くなっています。**関西ではITテック系よりも、研究開発をベースにしたディープテック系が多い傾向**もあります。その意味で東京とは違う形のスタートエコシステムを生み出し、すみわけが図れる可能性があると思います。

こうしたなか、関西に対する政府の関心も高まっています。大阪・京都・ひょうご神戸コンソーシアムは2020年7月14日、**内閣府が進める「世界に伍するスタートアップ・エコシステム拠点形成戦略」の「グローバル拠点都市」として選定されました。**ここでは、国の支援も得ながら力強いシナジー効果を発揮し、ライフサイエンス分野をはじめとする関西の強みが活かせる、世界に伍するスタートアップ・エコシステムを構築していくことを目指していくとしています。

有力な大学、すそ野の広い産業構造など、スタートアップが連携できる余地は多くあります。政策も活用して、関西から多くのスタートアップが生まれることを期待します。

関西のスタートアップ支援は、なんかかわいい

さて、私は一時期、関西経済同友会で、関西のスタートアップ育成のお手伝いをしていました。そこでの「かわいい」経験を少し紹介します。

関西のスタートアップ支援は、どこか「かわいい」と感じることが多いのです。

例えば「関西ベンチャーフレンドリー宣言」があります。

これはベンチャー企業からの相談に対して、大企業等の既存企業が担当者を定め、真摯に対応するものです。これまでスタートアップが大企業にお話をしたとしても、実績がないから門前払いということがありました。それは非常にもったいないということで、この制度を始めています。スタートアップがどこかの企業とお話ししたいと思ったときに、このベンチャーフレンドリー宣言をしている企業の担当者にすぐ繋がることができています。気持ちと仕組みがうまくできているのが非常に関西らしいと思います。

また「スーパーえこひいき」という支援も、面白いです。これは**有望な会社に対してはえこひいきかもしれないけど、優先的に支援をしましょう**というものです。ここに選ばれた会社のやる気を刺激する仕組みです。連携を希望する職種に当てたピッチを行い、そこに関西経済同友会の会員や銀行のスタートアップ、担当者ビジネス、マッチング担当者などが参加して、いろいろ話を深めようとしています。

その他の団体なども面白い取り組みをしています。例えば、大阪には**「秀吉会」という**

スタートアップの経営者が切磋琢磨する組織があります。ここでは事業規模によって最高位の太閤から最下位の猿まで序列化しています。そこで**互いの事業について忖度なしで、批評しあって、糧として、自分たちの成長につなげようとしています**。

少しくすっと笑えるのが関西のスタートアップ育成の特徴であると思います。これも一種の関西流の人育てといえるでしょう。

関西の地盤沈下が、止まった！

さて、大阪の経済の話をする際によく出てくる言葉が地盤沈下です。本来は地下水を汲み上げすぎて、地盤が下がることを指していましたが、最近では経済の面で使われることが多くなっています。ちなみに、大阪の梅田駅のあたりの地下街が歩きにくいのは、かつての地盤沈下の影響ともいわれています。

さて、経済の地盤沈下の話ですが、橋爪紳也氏監修の『大阪の教科書』（創元社）によれば、1952年に、当時の大阪商工会議所の会頭の杉道助《すぎみちすけ》氏が年頭挨拶で、「近年、大阪経済の地盤沈下の傾向が目立ってきた。この際、真剣に大阪経済の振興を図ることが緊要である」と述べたのが、公式の場で初めて語られたものといわれます。正月早々お屠蘇《とそ》気分が吹き飛ぶ話をされたように感じますが、それが70年近くも続いているという意味で、かなり深刻です。

たしかに、1970年の大阪万博のときには経済的な盛り上がりも見せたのですが、その後はあまり有望な産業を作ることもなく、またバブル崩壊の影響が東京よりも大きかったということもあって、経済が停滞する状況が続きました。また東京一極集中にも影響を受けたほか、日本のリーディング産業となった自動車産業の蓄積があまりない関西は伸び悩み、名古屋のほうが調子が良かったという歴史があります。

しかし、現在は下げ止まりの傾向が見えます。一時期はGDPが全国の20%近くになり、足元では16%まで低下していますが、そこからほぼ横ばいの状況が続いています。インバウンドも好調ですし、スタートアップ企業も徐々に徐々に増えてきていますので、これからは関西経済が大きく発展していくと考えています。万博も始まれば、関西経済の起爆剤になるでしょう。

人口も地盤沈下も止まり始めています。２０２３年の住民基本台帳人口移動報告によると、大阪府は**９年連続で転入者が転出者より多い転入超過**。大阪市は10年連続で転入超過を維持し、全国の市町村別では、東京23区に次ぐ2番目の人口流入となりました。

大阪圏（大阪、兵庫、京都、奈良）の日本人だけでみると、11年ぶりの転入超過となっています。私が勤務している日本総合研究所の藤山光雄主任研究員によると、**最近の大阪圏の転入改善の背景には、雇用環境の改善によるところが大きい**としています。すなわち、大阪圏の就業者数の増減を産業別にみると、高齢化を背景とする医療・福祉の大幅な増加が続くとともに、インバウンド需要の盛り上がりを受け、宿泊業・飲食サービス業や小売業など、観光業の雇用吸引力が高まったことを指摘しています。

関西全体でみると、依然として転出超過が続いていますが、これは東日本大震災による特殊要因を除けば50年ぶりの低水準であり、このままいけば、２０２５年にはついに転入超過となることが期待されます。万博では様々な企業がパビリオンを開いたり、イベントを開催するので、それに合わせて関西に住む人が増える可能性は大きいとみられます。

一方で課題もあります。転入が増えているのが基本的に大阪市であり、それ以外の都市では転出超過がみられることです。今後は大阪市一極集中とならずに関西全体で人々が集まったり、出生数が増えるような政策が求められます。

大阪圏からの若年層の女性の転出は増加傾向にあります。女性の就業者の増加が目立つ医療・福祉産業、観光関連産業などで、就業環境の改善を通じて、さらに女性を取り込んでいくことが必要です。また、若年層の男性も転出超過が続いています。就業等で大阪圏から転出してしまう男性を引き留めるためには、大阪の人材育成をもっと強化し、大阪圏で働きたいと思わせる魅力的な雇用機会を提供していく必要があると考えます。

首都圏からの本社移転先は、大阪がトップ

コロナ禍を機に、東京などから地方へ本社を移転する「脱首都圏」の動きが広がってきています。リモートワークやウェブ会議システムの普及で、首都圏に本社を置く必要性が

薄れているほか、本社オフィスの「存在意義」も改めて問われています。また、地方でも良質なオフィスが供給されるようになり、家賃などの面でも地方移転にはメリットがあります。

帝国データバンクの調査によると、２０２３年に首都圏から地方へ本社を移転（転出）した企業は、年間で３４７社に上っています。２０２２年（３３５社）に比べて12社、３・６％の増加となったほか、１９９０年以降で２番目の高水準を記録しています。

また、１９９０年以降で初めて3年連続で年間３００社を超え、首都圏から地方へと本社を移転する流れが続いているといえます。**首都圏から地方へ移転した企業の転出先では、「大阪府」の39社が最多**で、「茨城県」（37社）に代わり2年ぶりに全国最多となっています。

コロナも落ち着き、再度東京一極集中となる可能性も指摘されていますが、災害への対応などを考えると、すべての会社の本社が東京に集中するのはリスクが大きいといえます。大阪をはじめとする関西に本社移転が進むことは分散型の国土が形成できるという意味で、意義があることだと感じます。

特別インタビュー

大阪らしさを突き詰めると、グローバルの先頭に立てる

サントリーホールディングス代表取締役副会長　鳥井信吾さん

大阪企業の経営や人材育成については、私も研究や調査を重ねていますが、やはり現場の肌感覚を知るには、実業家の方の話を聞くのがいちばんです。

現役の方のなかにも、実際に優れた経営者がたくさんいらっしゃり、どなたにお話を聞くのか大変悩みましたが、一人選ぶとすれば、サントリーホールディングスの鳥井信吾副会長がもっともふさわしいでしょう。

この本でも紹介しました「やってみなはれ」の精神を創業家として代々受け継ぐほか、関西経済同友会代表幹事や大阪商工会議所会頭を務めるなど、地元の経済界にも詳しい方です。大阪企業の凄さやその精神について大変貴重なお話が聞けました。

石川：関西企業と東京企業の違いとはなんでしょうか？

鳥井：大阪企業と東京企業の違いについては、「大企業か中小企業か」という切り口でみると面白いことがわかるんです。企業に勤める従業員の総数を見てみましょう。東京では総数が1200万人であり、そのうち、大企業で働く人が700〜800万人。つまり、東京では会社で働いている人の6割近くが大企業勤務なんですね。一方で、大阪は、企業で働いている人は360万人いますが、そのうち、中小企業に勤務する人が230万人もいるんです。東京とは逆で、大阪には中小企業に勤務している人が6〜7割います。

東京は大企業の街であるのに対して、大阪はまさに中小企業の街であるといえます。

石川：大企業中心と中小企業中心では、街の気質や空気感かなり異なりますね

鳥井：もちろん社風によって異なると思いますが、一般的に大企業のほうが組織重視となり、会社の内側の論理を重視する人が多いように感じます。一方、中小企業は、組織が複雑ではない分、社内での様々な調整はしないで済むため、組織内で競争するよりも、会社の外を見て、お客様がよろこぶ商品を作っていこうという気持ちが強い印象があります。

東京の会社の社長や経営陣は大企業が多いため、社内の激烈な出世競争を勝ち抜いた、いわゆる勝ち組サラリーマン社長が多くなります。逆に大阪はオーナー社長が多くなる傾向があります。オーナー社長は、生まれたときから経営者となることが運命付けられていることもあり、社内の出世競争よりも社外のお客様や取引先を重視する気持ちが強くなるのではないでしょうか?

つまり、大阪の企業は社外のお客様を見て動く傾向があると思います。

経済規模で見ると、大阪は東京に比べてかなり小さくなっていることは事実です。でもそれは、決して生活レベルが低いということではありません。

大阪はホスピタリティーが高い街だと思います。歴史が長い分、大阪には文化や歴史のストック・蓄積があります。そのため仮に東京より目に見える収入が少なかったとしても大阪人の生活の実感のレベルは高いのではないか。これが大阪人の心の余裕につながっていくのではないでしょうか。そしてこの心の余裕がホスピタリティーの高さを生み出していると思います。

日本人のホスピタリティーの高さは大阪・関西から生まれたといえるのではないかと私は思っています。

石川：東京と大阪の違いがこれだけあると、コラボレーションすると面白いことになりそうですね

鳥井：東京の強みは組織力を生かせることですね。対応のスピードがとても速い、そして情報量も多いと思います。東京の情報には、いつも感服します。

一方で、大阪では東京よりもスピードは劣るかもしれませんが、組織のことを気にしないで個人プレーができるおおらかさがありますし、最新の情報は少ないものの、逆に長い目でものを考えることができます。

つまり大阪の企業も東京の企業もそれぞれ良いところがあるんですよね。どちらが上でどちらが下でもありません。その意味で大阪の企業人が東京に行くこと、逆に東京の人が大阪に来ることは新たなイノベーション創出に繋がると思います。

石川：関西企業の人材育成の良さとは何でしょうか？

鳥井：実は、関西出身の世界的な芸術家は多い。塩田千春さん、森村泰昌さん、名和晃平さん、西野麻衣子さん、安藤忠雄さんです。どの人も世界中で活躍している素晴らしい芸術家であり、大阪・関西の誇りです。

この方々の共通点は、「大阪という文化のバックグラウンド、独自性から生まれて、世界的な人材になった」と私の大阪・関西愛のかたよりかもしれませんが、そんな風に思います。世間では、国際人育成のためには、英語教育やグローバル人材教育を施すべきと言う意見があります。もちろんそれによってグローバル人材となった人がいるのも事実だし、それは素晴らしい教育です。

一方で、そうした派手なグローバル教育ではなく、一見グローバルとは程遠い、「大阪らしさ」を追求して世界レベルに達した人材もいるのではないか？

「ローカルを突き詰めたら、実はグローバルの先頭にいた」といったことが実現できているのが、大阪の人材育成の面白いところではないかと思っています。

その意味で大阪の人材育成というのは、大阪の気質や空気感から生み出てきた独自性があり、それが世界に誇る特徴だと思うんです。

石川：大阪でビジネスを学ぶ企業人も増えてほしいですね

鳥井：経営についてはMBAも重要ですよ。でも、それとは違う視点を与えるという意味で、大阪企業の人材育成に注目が集まることを期待します。

ずば抜けた人材を面白がって大事にするところや、小さな集まりのなかでウェットな人間関係から新たな価値を生み出すところなどはとても良いところだと思います。

また、自由気ままにしている人に対して、それを許しているおおらかさもあります。

そうした環境によって、本音のトークがしやすいところも人が育ちやすい理由ですね。

石川：関西経済が発展するには何が必要でしょうか？

鳥井：関西経済が発展するには、やはりイノベーションが重要です。そのイノベーションも技術だけではなく、制度や人事など幅広い面で実現していくべきでしょう。メーカーにおいても、ただものを作るだけでなく、マーケティングデザイン、サプライチェーンの変革、営業の変革といった面まで目配りをする必要があります。

私は人にはモノ・身体・ココロの3つの一致が大事だと考えています。幅広い面でイノベーションを起こすためには、この3つがうまく統合されなければならない様に思います。でも、近年の企業経営は専門化が過度に進んでいます。この3つがバラバラになっているのが気がかりです。昨今、我々が直面する様々な問題はこの3つが一致できていないことに起因するのではないでしょうか。自分の狭い専門性に閉じこもるのではなく、モノ・身体・ココロを融合することが大事です。

大阪にはホスピタリティーの心があり、そして素直に自分の仕事に打ち込むところがあります。この心をものづくりや会社の経営体制に落とし込んでいくことが大切ですね。

石川：経営者として、次の世代に伝えたいことは？

鳥井：大阪企業はただ儲ければよいというわけではなく、「倫理観」や「心」を大事にしてきました。創業者・鳥井信治郎は「やってみなはれ」だけでなく、「人の見えないところで徳を積めば、いつかそれが自分に還ってくる」という、「陰徳」を口癖にしていました。また、二代目の佐治敬三は「真・善・美」「運・鈍・根」とよく言ってました。多くの大阪企業経営の先達は、素直さを大切にしています。特に松下幸之助は、素直さを力説しています。こうした先達の教訓を引き継いでいってほしいと思います。

阪急や宝塚歌劇団の創始者の小林一三氏は、「実業は、人々の役に立つものやサービスを作って、その事業を長く続けることが大切で、政治のように〝利害の調整〟ということではない。清濁併せ呑むと、濁だけ残って清が去ってしまうことを忘れてはならない」ということを言っています。また、事業を成功させる唯一の道は「事業を自分の生命とする若い人を事業の中心におくこと」と言います。二つとも厳しい言葉ですが、こうした小林一三の精神から学ぶことも多くあります。

石川：足元の経営変化で注目すべき点は何でしょうか

鳥井：最近は、社会課題の解決が企業に求められています。また欧米の経営者と話をしても、より高い理念を大事にすべきという発言も聞かれます。イノベーションを起こして社会課題を解決していこうと考えている人が、最近は多いですね。これは非常に頼もしいと思って見ています。ぜひとも若い方はいまの気持ちを大事にしつつ、大阪企業の良さを引き続き継承して欲しいと思います。

石川：大阪・関西にはたくさんの素晴らしい経営者が現在もいらっしゃいますね

鳥井：本当に素晴らしい経営者がたくさんいて、私も非常に刺激を受けています。そして皆さん、一家言を持っています。

関西財界のトップ経営者たちの声が全国に届いてほしいと思いますし、2025年の大阪・関西万博を機に、大阪・関西が世界とつながり、そして多くのイノベーションを生み出すことで、関西の経済や企業人に注目が集まることを期待したいと思います。

第3章

「おもしろがり体質」

～omoroi-being 指標から見る大阪の人づくり

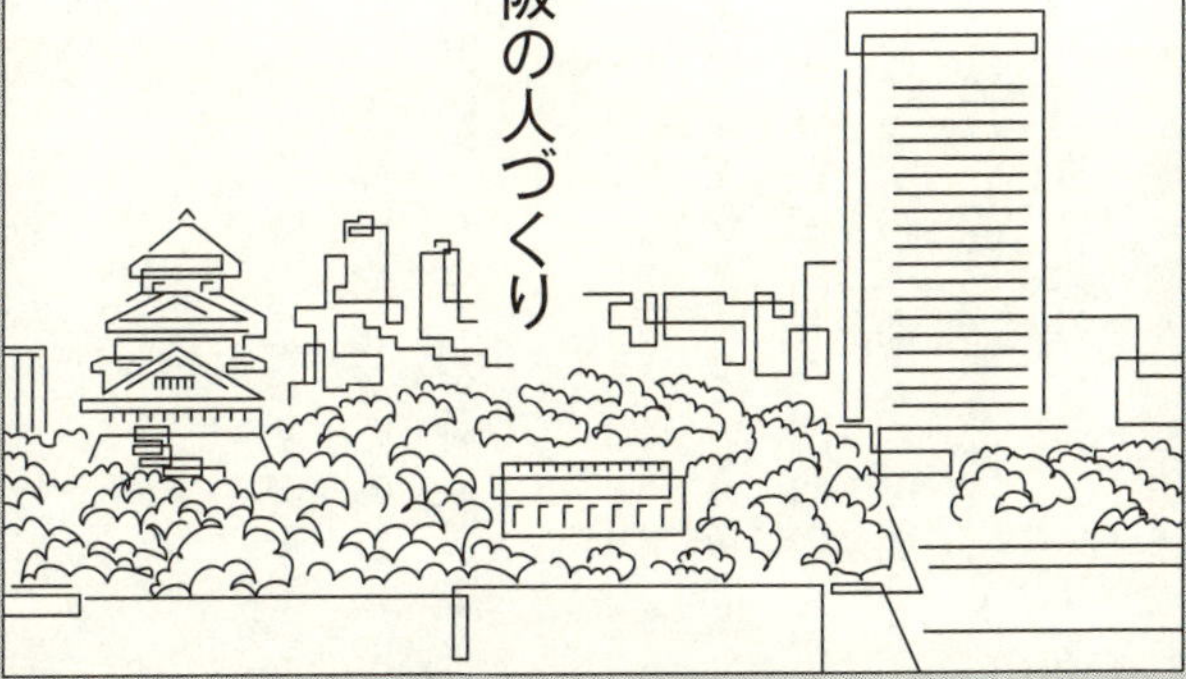

関東人より、関西人のほうが幸福で元気

この章の冒頭では、関西と関東の違いを考える意味で、広告会社の博報堂ＤＹグループが実施した調査結果をもとに考えてみたいと思います。これは、幸福感や元気感の質について比較するために、２０２２年8月に関東と関西エリアの働いている人を対象にアンケートを取ったものです。

興味深いのは、**幸福感、元気感ともに関西が関東を上回る**ということです。

具体的には「日ごろから、あなたは幸せに暮らしていると思いますか？」という質問に対して、関西は82・5％がその通りと答えた一方で、関東は76・0％であり、関西の方が関東に比べて6・5％高いということになりました。また、「日ごろから、あなたは明るく元気に過ごしていると思いますか？」という質問に対して関西は77・6％、関東は71・2％になっており、こちらも関西のほうが関東に比べて6・4％高いという結果になっています。

幸福感のスコアの関東・関西比較／日ごろはあなたは幸せに暮らしていると思いますか

幸福感

日ごろから、あなたは幸せに暮らしていると思いますか？

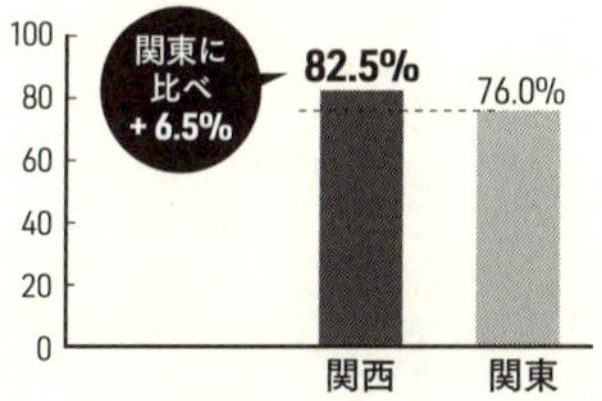

元気感

日ごろから、あなたは明るく元気に過ごしていると思いますか？

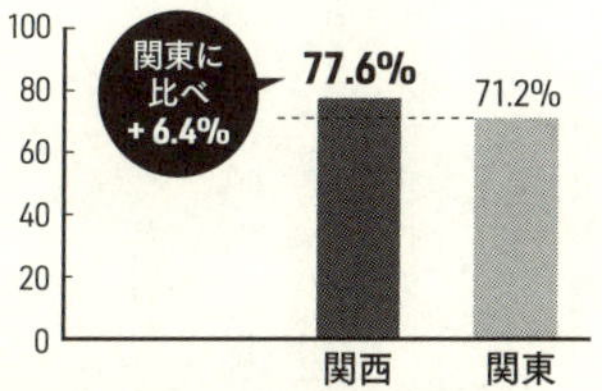

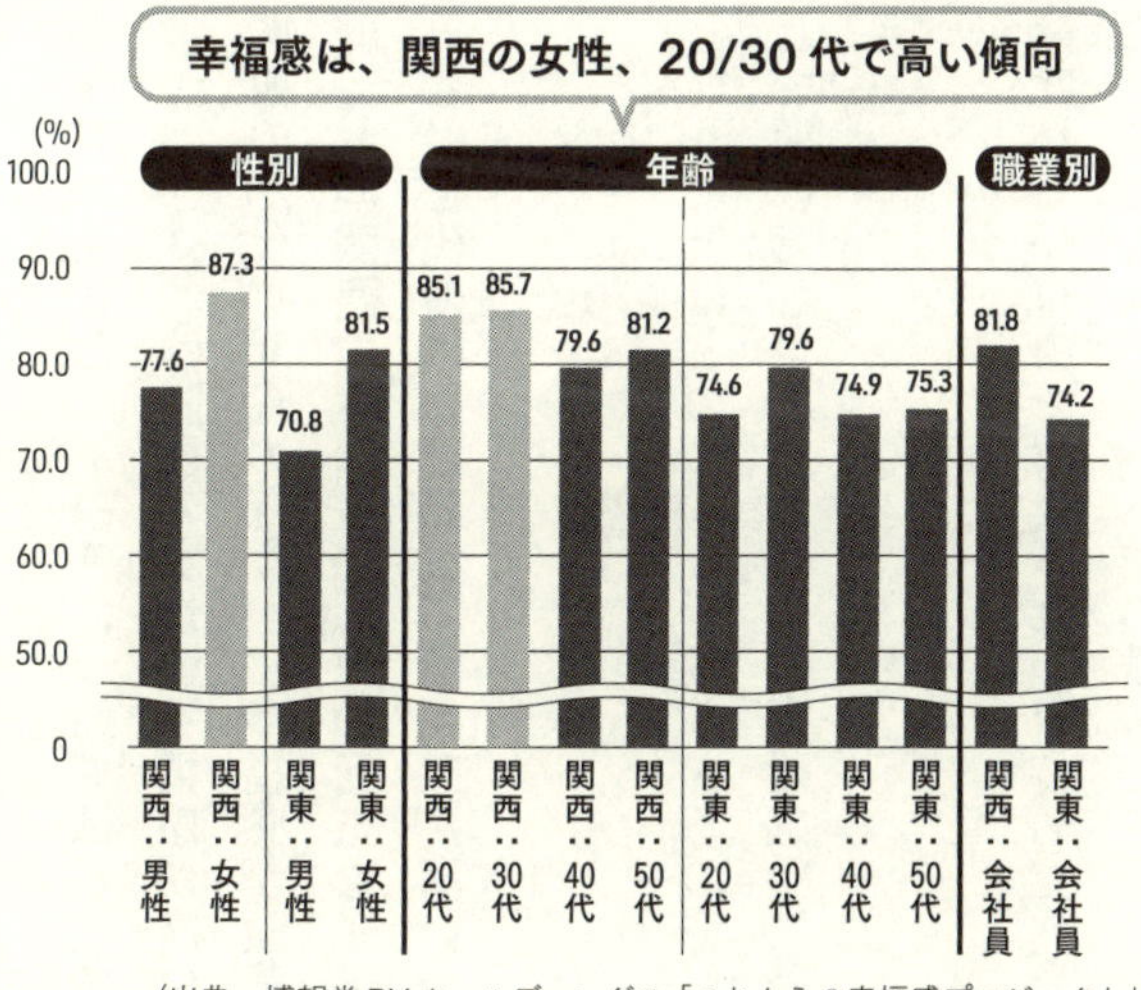

〈出典　博報堂DYホールディングス「これからの幸福感プロジェクト」はたらく世代の幸福感調査（2022年8月）より〉

詳細に見ると様々なことがわかります。まず性別で見ると、幸福感については、全般的に女性のほうが男性よりも高い傾向がありますが、とりわけ**関西の女性の幸福感が高い**という結果が出ています。また年齢別に見ると関西の20代、30代のほうが、幸福感が顕著に高くなっています。**関西女性が元気で幸福と聞くと、「関西のおばちゃん」の元気なイメージという印象があるかもしれませんが、むしろ若い世代のほうが元気で幸福感が高い**のです。

さて、関西の働き手のほうが幸福感が高いということはどのような背景があるのでしょうか。調査分析チームでは、幸福感の背景として関西らしい「人と人との距離感」に着目し、3つの仮説を立てて分析をしています。

1つは**「本音で話せているか」**です。

既存の常識や世の中の空気や論調に対し、忖度なく、自由で解放された気持ちで向き合えているかというもの。激しい競争や成果主義を求められる環境下での重苦しさとは対照的に、自由闊達に可能性を求めてチャレンジしたり、成果に意欲的な態度が現れると考えているようです。

2つ目が**「共鳴できているか」**です。つまり、自分の考えや感情を閉じることなく表出して、相手とかけあい、話を展開させているかどうかというものです。理知的に理解することにとどめることなく、相手の言葉に自分も呼応できているかを示しています。ビジネスの環境で考えると、相手の話を受け入れる、あるいは、命令を受け入れるという感覚とは対照的に、素直に共感して、自分の反応を返して話を膨らませていく、展開させていく様子が目に浮かびます。

3点目が**「共有できているか」**です。心が動いた共鳴の感覚を第三者の他人にも積極的に拡散し、また逆に他の人から受け取ることがあるかというものです。関西人には最近のおもしろい話を共有する、それをまた別の人に話していくというような話法があるように思っています。ビジネス上でも、自分が気づいたおもしろい視点をぶっちゃけながら表現豊かに語っていくことが会議上でも許されているように思います。目的主義的になりすぎず、議題の余白をどんどん広げることを協力しながら楽しんでいるようにもみえます。

さて、その3つのコミュニケーション話法をスコアで見ますと、たしかにすべての項目で関西が関東を上回る結果となっています。

まず「本音項目」を見ると、自由に本音で話し合ったほうが楽しく思えたり、自分に本音で話してくれる友人がいる、肩書やしがらみに忖度しないといった項目で関西が目立って高くなっています。また、「共鳴項目」についても、他の人の話をうまく拾って広げたり、その体験談を自分が話したり、逆に人から聞くといったところが指摘されています。「シェア項目」についても、仲間と一緒に楽しむことが好きといった項目が関西では特に高くなっています。

関西人のコミュニケーションや対人関係の作り方がよくあらわれているのだと思います。関西人のイメージにあるお笑い芸人のようにおもしろいことをいっているのではなく、**他の人となにげないことを楽しく話せる信頼関係がありそう**です。さらに興味深いのは、この3つの特性をもっているのは関西の人のほうがやはり多いということです。

■ コミュニケーションの3つのスコア

本音、共鳴、シェアすべての項目スコアで関西が関東を上回る結果

本音項目　共鳴項目　シェア項目

関西
関東

- たいていのことは仲間で協力しあえばうまくいく
- 面白かったことやためになった経験は人によく話す方だ
- 面白かったことやためになった経験を他人からよく聞くことがある
- 周りには他人のことを考えている人が多い
- ためになることなら、友人にとって嫌なことでも言うようにしている
- 仲間と一緒に楽しむことが好き
- くだらないことでも話をする人と話をする時間は楽しい
- 他人の話をうまく拾って広げることがよくある
- 面白そうなことには、とりあえず乗っかってみる
- 共感すると、思わず手を叩いたり大声を出したりしてしまう
- 日々、楽しく笑える場面がある
- 人の話で笑ったり泣いたりすることがある
- 人からおもしろい体験談をよく聞く
- 人に話したい体験談を持っている
- 自由に本音で話し合った方が楽しい
- 「それはいい」と思ったことは、素直に口に出して言う
- 自分と異なる意見も受け入れるようにしている
- 打算で動くことも、場合によっては大事だ
- 自分に本音で話してくれる友人がいる
- 肩書やしがらみに忖度しない
- 思ったことを本音で話せている

〈出典　博報堂DYホールディングス「これからの幸福感プロジェクト」
はたらく世代の幸福感調査（2022年8月）より〉

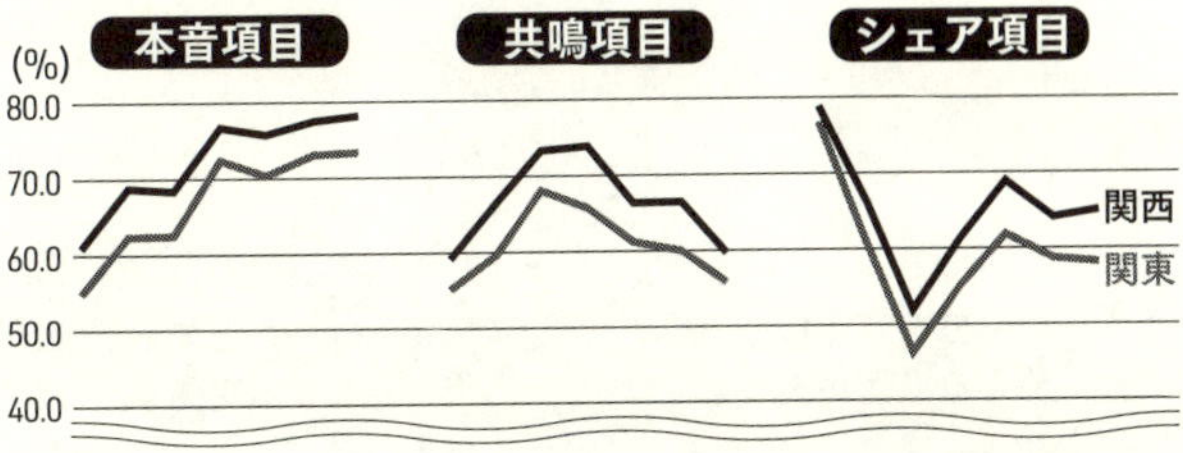

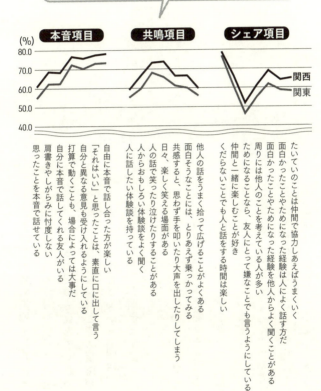

本音と共鳴とシェアが重なっている人はどれくらいいるのか

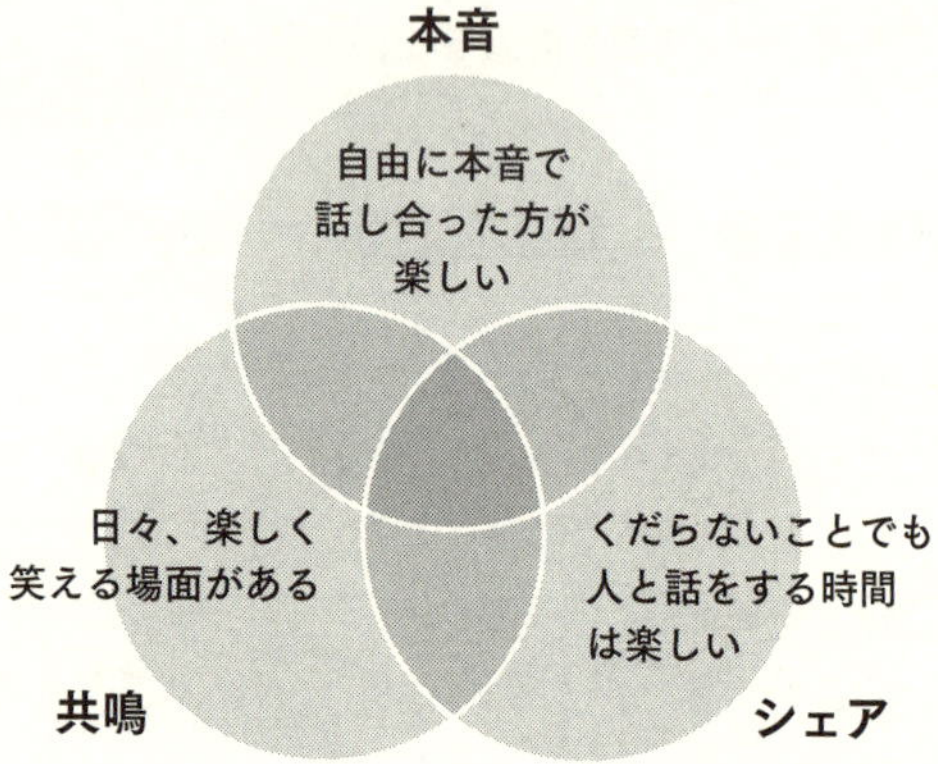

私はこれらの指標をみたときに、関西人の「おもしろがり体質」だなと感じました。**どんな話題でも喜んでくれたり、話を展開したり、なにせとても反応がいい**。アーティストのライブでも関西では反応がビビッドであると聞きます。

さて、本音・共鳴・シェアといったすべての項目で関西が関東を上回るという結果を受け、反応の重なりを見て関西と関東の違いを分析しています。

そうすると関西のほうが関東以上に本音・共鳴・シェアという特性を併せ持っている、つまり、一体化している人が多いと

「本音・共鳴・シェア」の特性を併せ持つ人　関東・関西比較

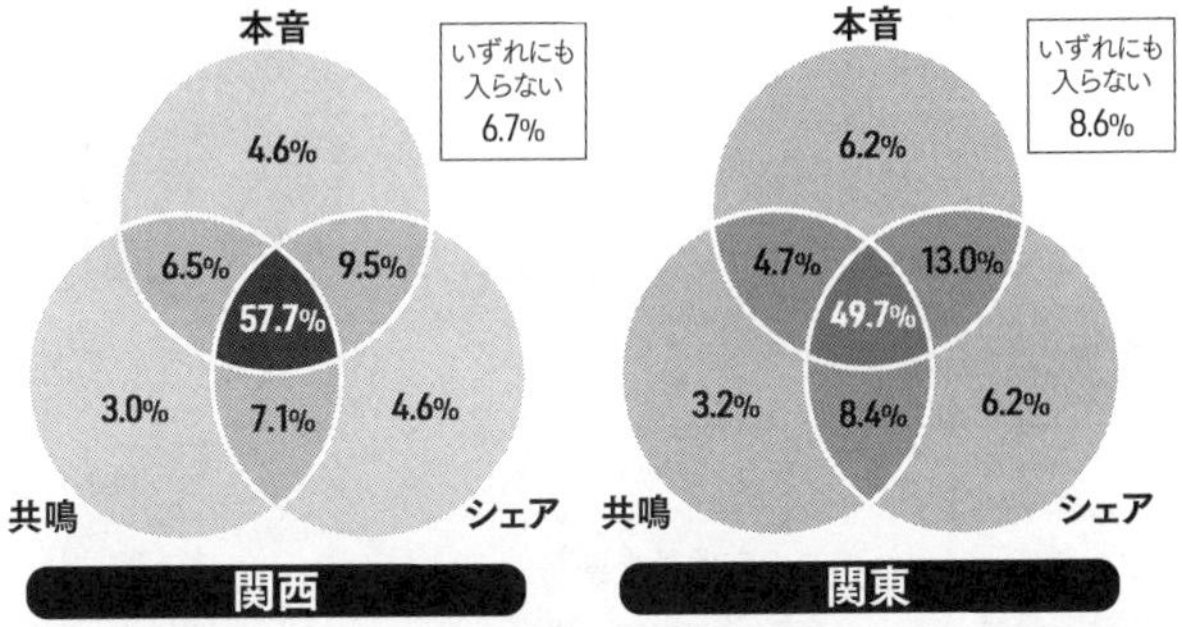

※各々の領域を、最も反応の高かった右記項目に代表させ、反応の重なり（「はい」と複数項目答えた人の割合）を抽出

〈出典　博報堂DYホールディングス「これからの幸福感プロジェクト」はたらく世代の幸福感調査（2022年8月）より〉

いうことがわかりました。ただ、単に本音で喋るだけではなく、それについて互いに共鳴して、そして行動までシェアすることが大事だと感じている人が関西の方には多いといえると思います。

　このようにみますと、関西のコミュニケーションというのは、開放的で自分の思っていることをいい、それに人を巻き込むことでコミュニケーションをより大きくしていると考えることができます。また自分が人の意見を巻き込むだけでなく、人の意見に巻き込まれることも大事にしているというのは面白い結果だと思います。「おもしろがり体質」というのは互いのコミュ

心理的互助性スコア

心理的互助性スコア

以下４つすべてに Yes と答えた率

- ☑ 日頃から、あなたは辛いことがあっても、何とかなると思えますか？
- ☑ あなたは困った時に、頼れる人の顔が思い浮かびますか？
- ☑「失敗しても何度でもやりなおしはきくと思う」と考える周りの人は多い
- ☑「困っている人を助けるのはお互いさまだ」と考える周りの人は多い

本音・共鳴・シェアが一体化しているほど、高い心理的な互助性を実感

仲間や頼れる人の存在や、失敗を受け入れる土壌があることが伺えます

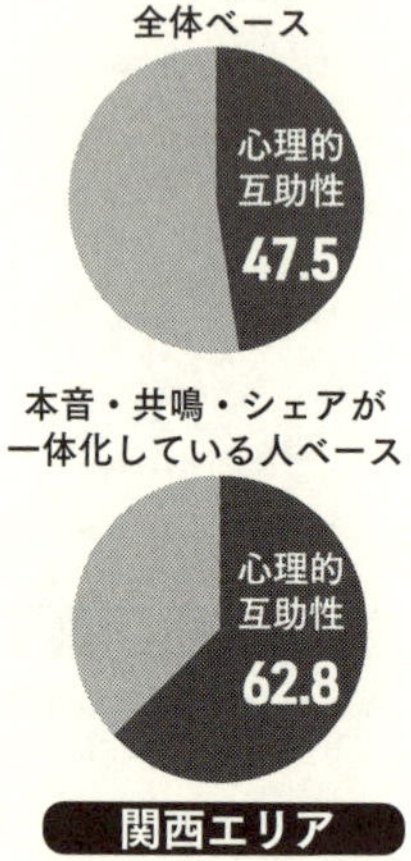

〈出典　博報堂DYホールディングス「これからの幸福感プロジェクト」はたらく世代の幸福感調査（2022年8月）より〉

ニケーション力を加速させて、心を開いた関係性を作り出しているのだと思います。

さて、幸福感というのは自分だけでは達成できません。

欧米の調査では主体的な幸福感、つまり個人の幸福感を中心に語られることが多いですが、今日本で注目されているのは周辺環境を含めた幸福感の概念です。

やはり周りとの関係がとても重要になると思います。そこでこの調査では、心理的互助性・自己肯定感という2つの視点から検証を行っています。

心理的互助性というのは、コミュニティの中で相互の信頼関係や助けてくれる存在

自己肯定感スコア

自己肯定感スコア

以下４つすべてにYesと答えた率

- ☑ 日頃からあなたは見栄をはらず（自分らしく）生きていると思いますか？
- ☑ 日々の暮らしの中で誰かに愛されると感じる
- ☑ 自分を仲間だと認めてくれる人がいる
- ☑ 周囲に自分を頼ってくれる人がいる

心理的互助性と同様に、本音・共鳴・シェアが一体化しているほど、高い自己肯定感を保持

コミュニティの中で必要とされ、日常の中で自己肯定感を得やすい状況が伺えます

全体ベース

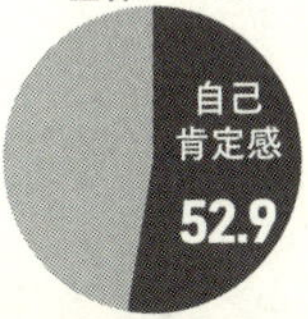

本音・共鳴・シェアが一体化している人ベース

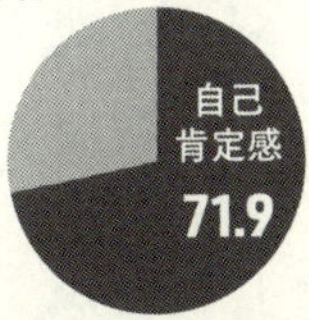

関西エリア

〈出典　博報堂DYホールディングス「これからの幸福感プロジェクト」はたらく世代の幸福感調査（2022年8月）より〉

があるかを指しています。〝厳しい状況でもどうにかなるさ〟という気分のようなものですね。具体的には「日ごろから辛いことがあっても何とかなると思いますか」「あなたは困ったときに頼れる人の顔が思い浮かびますか」「失敗しても何度でもやり直しが効くと考える」「困っている人を助けるのはお互い様だと考える」という質問項目のすべてにイエスと回答したものを心理的互助性のスコアとみなしています。

　心理的互助性のスコアをみていると、本音・共鳴・シェアが一体化している人ほど、この心理的互助性が高いことがわかりました。日々のコミュニケーションで信頼と連

携ができているということでしょうか。会話を通じたフラットな関係性によってお互いを助け合う関係を作れているように思います。

また、自己肯定感とは、コミュニティの中で自分が必要とされているという意識があるかという考え方。調査では具体的に「日ごろからあなたは見栄を張らず、自分らしく生きていると思いますか」「日々の暮らしの中で誰かに愛されていると感じる」「自分を仲間だと認めてくれる人がいる」「周囲に自分を頼ってくれる人がいる」といった質問についてすべてにイエスと回答した人をスコアにしています。

そして、やはりここでも本音・共鳴・シェアが一体化しているほど、自己肯定感が高いという結果が出ました。心理的互助性にも現れていますが、お互いが助け合い、認め合っている関係が自己肯定感を作り出しているといえそうです。日本では当たり前のように見える現象かもしれませんが、関西人が本音のコミュニケーションを通じて信頼を高め、お互いの力を引き出しあったり、助け合ったりしてビジネスをまわしている姿が目に浮かびます。無意識にこうした個性を生かしたり、互助関係を作れていることが、チャレンジを促す風土につながっているようにも思えます。

なんでも「おもしろがり体質」の特性

このように見てくると、関西の人の幸福感というのは、やはり本音で語る文化、そしてそれが共鳴し拡散することで幸福感をも共有できるといったサイクルが生まれていることに起因していると考えられます。

こうした「おもしろがり体質」というのは、幸福感にもつながっているのです。

最近ウェルビーイングという言葉が注目されています。ウェルビーイングという言葉は、様々なものを含むので、一言ではいいにくいところではある概念ですが、ある意味、関西人のウェルビーイングというのは、こうした気持ちの共有というところがあると考えられます。

博報堂DYグループのプロジェクトチームでは、これを「omoroi-being」と表現しています。たしかに〝おもろい〟という言葉はただ単に〝面白おかしい〟という意味ではなく、互いの気持ちが共鳴できたときに出てくる言葉のように思います。こうした「おもしろがり体質」に着目すると、関西版ウェルビーイングとはまさに「omoroi-being」であると考えられます。

ただし、こうした風土は、関東の企業でももっていたものだと思います。企業の成果を個人成果に分解しながらマネジメントする欧米型の経営メソッドの普及によって弱まっている側面もあるのかもしれません。また、個々人の主体性よりもヒエラルキーに準じた成果管理によって本音で話せる空気が弱まることもあると思います。個人のがんばりだけでは幸福にもなりにくい世の中ですし、**本音で語り合う空気の根底にある〝おもしろがる資質〟なるものが集団での幸福感を生みだす力となり、日本の企業を元気にするヒントがあるように**思います。

この「おもしろがり体質」をもっと作り出すことはできないのでしょうか。博報堂ＤＹグループのプロジェクトチームではこのomoroi-beingが企業経営にどう影響を与えているのかの研究を進めているそうです。**本音に根差したチームは忖度で仕事を進めることなく、課題を見据えて改善意識や提案意識が高まるという効果がある**ようです。心理的互助性や自己肯定感の高い組織は多様性の高いチームを生み出し、共鳴によって生産性の高さにも影響を与えているという構造を明らかにしています。こうした本音・共鳴・シェアという、「おもしろがり体質」を根底に置いた組織文化は、関西的ダイナミズムを会社に生み出す可能性があります。そうした風土を生み出していく人材を育てる人材育成プログラムも作り出されることが期待されます。

ここまでみてきた関西企業の強さの根底には、こうした人を見つめる目のやさしさや個人から発露される本音という個性を消さず、むしろうまく生かしていこうとするマネジメントがあるのかもしれません。そうした人材の育成や組織の風土を意識的に作り出していくことも今後の関西企業独自の強さにつながっていくと思います。

タテの東日本、ヨコの西日本

東日本と西日本はいろいろな観点から議論されてきました。そこでここでは民俗学の観点から考えてみたいと思います。宮本常一氏という方がいます。『忘れられた日本人』という名著で知られる在野の民俗学者です。

彼は西日本と東日本の違いについてこのようにコメントしています。

まず、東日本については同族集団、同族結合が基本であり、同じような集団の中で、縦の主従関係がベースになっています。そのため、家父長制的な傾向の強い上下の結びつきを特徴としているとしています。それに対して西日本の場合、フラットな、横の平等な関係を結びあうのが特徴としています。そのため、上下関係の強い官僚的な組織は東京、横の連携的なものは西日本で多くなるとしています。歴史的に見て、寄り合いや一揆のような横の組織は、西日本に発達するという考え方です。

個人的な経験から見てもそれはわかるような気がします。東京にいると同じ会社の中の上下関係というのがとても重要です。一方で、関西では社外の業界団体での集まりや経済団体での集まりがとても重要になっています。

もちろん東京でも様々な活動はできるとは思いますが、大阪のほうが社外でのネットワーク作りに対して慣れているという面があるようです。また、**肩書よりもその人との関**

係性が重要視されることも多くあります。大阪で担当者が転勤すると、簡単に引き継げないというのも多く経験することです。

そのためか、よく「緩やかな連携」という言葉が聞かれます。がっちりとした上下関係ではなく、緩やかに連携することで、新しいものを探していこうとする考えです。

様々な自由なネットワークを使って高めていくというのがある意味、関西流の人材育成ともいえそうです。

商人道の大阪、武士道の東京

極力持続的に市場に生き残ろうとするのが、1つの生き方とすれば、もう1つ別の生き方が日本にはあります。「潔く散る」という文化です。長く生き残ろうとするのが商人道であるならば、潔く散るというのは1つの武士道といえます。

商人道の大阪、武士道の東京というのは1つの対比としてあると思います。

商人道と武士道の比較については、様々な研究者が指摘していますが、それらの意見をまとめてみたいと思います。

1つは名誉に対する考え方です。武士道は名誉を重んじます。「武士は食わねど高楊枝」という諺がありますが、やせ我慢をしても体面を保とうとするところがあるかと思います。一方、商人道は必ずしも体面を大事にするわけではありません。実利を求めるというところは武士道とは違うと思います。

もともとが戦う集団なので、勇敢に見られることがとても重要です。一方で商人は勇敢である必要はありません。勇敢を横におき、交渉して合意に持っていく粘り強さが求められます。

また競争に対する考え方も違います。商人道は競争することで新たなイノベーションを見出そうとする考えです。武士道はお仕えしている殿様の命令には忠実にならなければなりません。一方で、商人道もただ単に競争するわけではなく、ある程度地域と協力しながら競争しています。つまり競争に歯止めをかけている部分もあります。

武士道も基本的には上のいうことを聞きますが、乱世には下克上でトップに変わるというところがあります。

このように書くと商人道と武士道は全く違うように見えますが、実は融合していくという考え方もあります。実際『武士道と商人道』という本を書いた新渡戸稲造《にとべいなぞう》は、商人が武士道の心を身に付けることで、もっと商人の地位が上がるのではないかという考えを示しています。

当時は、**商人に対して武士よりも下に見るものがありましたが、そうではなく、きちんと商人を尊重することで、商人も立派になっていく**といった見方をしています。

武士も商人も互いに素晴らしいところがあります。関東人と関西人もともに同じように素晴らしいところがあります。両者の良いところをうまく融合していく必要があります。

住みやすい都市ランキング、アジア１位

英国の経済誌「エコノミスト」は毎年「世界の住みやすい都市ランキング」を公表して

います。

その2023年版で、大阪が10位にランクインしました。大阪は、アジアの都市で唯一トップ10に入っていますし、初登場した2018年から連続でランクインしていますので、これはもう実力といってよいものと思います。

スコアをみると、社会の安定性、医療の充実度、教育環境が100点満点、インフラが96・4、文化が86・8と総じて高得点を獲得しています。

日本よりも上位は上からウィーン、コペンハーゲン、メルボルン、シドニー、バンクーバー、チューリッヒ、カルガリー、ジュネーブ、トロントと、いかにも住みやすそうな街がならんでおり、そんな格好良い都市と良い勝負ができているのは素直にうれしく思います。

国内のランキングでも関西主要都市は元気です。森ビルのシンクタンク森記念財団は、経済や生活、交通などの6分野の計86指標に点数をつけて136都市（東京23区は除く）の順位をつけていますが、大阪は3年連続で1位、京都と神戸も6位以内に入っています。こういった意味でも関西の住みやすさはもっと評価されてもいいと思います。

関西の住みやすさの理由は、「人がやさしい」

「ＹＯＲＯ　ＪＡＰＡＮ」の調査で、日本在住の外国人が住みたい都道府県のランキングが示され、1位が東京、2位が大阪、3位が神奈川、4位が京都・沖縄となっていました。兵庫も10位と上位に入っています。

そこで注目したのは、「住みたい理由」です。

東京に住みたい理由としては、1位が仕事が多い、2位が何でもそろっている、3位が交通の便がいいと実務的な回答が増えています。

一方で大阪は**1位が食べもの・飲み物がおいしい、2位が仕事が多い、3位が何でもそろっている、4位が人がやさしい**と、食べ物と人が理由の上位になります。

京都は1位が自然が豊か、2位が日本文化体験、3位がリラックスできる、4位が人がやさしいです。兵庫県だと、1位がリラックスできる、2位が交通の便がいい、3位が人がやさしい、4位が子育てがしやすいです。

つまり京阪神についてすべてまとめると、外国人の方は、食べ物・飲み物がおいしく、人が優しく、文化・自然が豊かで、リラックスできる場所と見ているといえます。大阪・京都・神戸は非常に近いので、これらをすべて満喫できる関西は、国際的に見ても住みやすいところといえるでしょう。

なお、同社の分析では大阪は「他府県と比較してフレンドリーで心温かく、親しみやすい性格の人が多い。また、大阪の方言やユーモアのセンスも広く知られており、地元の人々とのコミュニケーションも楽しい」、京都は「伝統的な価値観や心の豊かさを持ち合わせており、親切で温和な性格が特徴。地域の人々との交流やコミュニティの活動が盛んであり、新たな出会いや友情を築きやすい環境」、兵庫は「親切で温かいという評判。地域社会が結束しており、お互いに助け合う文化。新しい環境に移り住んでも、地域の人々から歓迎され、安心して生活できる」としています。

個人的にはかなり正確な分析だと思っています。

よそもの、わかもの、ばかものを大事にする

よく地方創生の現場では、「よそもの、わかもの、ばかもの」が必要といわれます。新しい改革をするためには知識も大事ですし、熱意も求められます。大阪でその経験を考えますと、五代友厚がいます。

五代は明治維新で大活躍しましたが、政変に巻き込まれ、東京で仕事ができなくなってしまいます。1881年北海道開拓使がその官営諸工場を民間に払下げようとして中止した北海道開拓使官有物払下げ事件です。開拓使長官黒田清隆は北海道開拓10年計画の終了にあたり、1400万円の国庫金を投下した官有物を、同郷の実業家五代友厚に38万円、無利子30年賦で払下げようとしましたが、この計画は、五代と三菱の岩崎弥太郎《いわさきやたろう》や地元函館の在地資本家との北海道権益をめぐる対立を背景として、政治的には自由民権派の藩閥政府攻撃の材料となってしまいました。

東京から追放されるような形となり失意の五代が活躍したのが大阪です。五代は大阪の

父といわれ、大阪には銅像が5体もあります。

私は高校時代日本史を選択していました。日本史では五代友厚はこの事件の首謀者とされ、私としては政商やダーティーなイメージがありました。

しかしながら、大阪に転勤すると、逆に東京でいうところの渋沢栄一のような存在であり、とても驚いた記憶があります。

具体的には、大阪に造幣寮（現・造幣局）を誘致したほか、大阪株式取引所、大阪商法会議所（のちの大阪商工会議所、初代会頭）、大阪商業講習所（後の大阪市立大学〈現在は大阪公立大学〉）の設立にかかわり、さらに南海電鉄、住友金属工業、商船三井、日本郵船などと深くかかわっています。そして自分なりに調べてみると、五代友厚という人はなかなか立派な人であったといえます。

さて、日本史では、疑惑の人扱いされている五代友厚ですが、最近、これは濡れ衣であったのではないかという研究が各方面から発表されています。我々が習った歴史の教科書では、黒田清隆から不当な安値で払い下げを受けた政商として記載されてきました。世間から様々な批判があったのに、五代が沈黙を続けたことが、この話が定説となった理由です。

そこで彼の銅像を立てた大阪市立大学の同窓会は、様々な研究をした結果、安値で払い下げを受けようとしていたのは、黒田清隆の部下の開拓史4名だったという研究を出しました。そこで同窓会の方々が作った「見直しを求める会」では、教科書会社に対して記述を見直すように求めました。その結果、一部の教科書では記載を改める動きがあります。

恩人を大事にして、その恩人の汚名をそそぐために、必死に頑張ることが大阪の良いところだと思います。このプロジェクトに参加された方は「執念」と発言されていました。ここでも出てくる言葉は執念です。

さて、わかものの観点からは、1970年の大阪万博が一つの事例です。準備に投入された人材にはイサム・ノグチなど当時の大御所的な人物もいましたが、失敗できない一世一代のイベントにもかかわらず、若手やいわゆる「前衛」「アングラ」芸術家が数多く投入されたことも指摘できます。

具体的には、磯崎新《いそざきあらた》（38歳）、黒川紀章《くろかわきしょう》（35歳）、横尾忠則《よこおただのり》（33歳）、石岡瑛子《いしおかえいこ》（31歳）、コシノジュンコ（30歳）、ちばてつや（30歳）など、その後大活躍する人材が積極的に登用されました。

たしかに、戦争の影響もあり、当時40～50代の人材が不足していたという事情もありますが、この話に示される通り、**主催者側に「若手に思い切って任せよう」とする空気があったことが大きい**とみられます。

なお、建築家ではない横尾忠則等が起用された背景には、半年たてば解体されるものについては、あえて有名な建築家を使う必要はなく、それよりも表現されるメッセージに重きを置いたことが指摘されています。

ある程度現実的な計算があったのは事実だと思いますが、ある意味、まったくわからないものを誘致して、先のことは誰もわからないから若い人にやってもらうというのは、不透明な時代における日本の在り方への示唆を与えているかもしれません。

大阪人はなぜエスカレーターで右立ちなのか

大阪でエスカレーターを利用する際のマナーは、立ち止まる人が右に並び、左側は歩く人が使うという「右立ち」です（本来は、エスカレーターを歩くのは危険です）。一方、関東をはじめ、全国的には「左立ち」が主流です。また、京都は東京方式です。つまり、エスカレーターに関しては、京都は東京です。

それではなぜ、このような風習が生まれたのでしょうか。

一つの説は、阪急電鉄のアナウンスがきっかけというものです。阪急梅田駅は1967年、現在の阪急うめだ本店がある場所から移転し、その際、3階乗り場に通じる長いエスカレーターが設置されました。そこで「走って上り下りするのは大変危険ですのでおやめください」に続き、「お歩きになる方のために左側をお空けください」というアナウンスを流し始めたことが最初というものです。立ち止まる人と急いでいるのでエスカレーターを歩く人の両方の利便性を考えたものだったようです。日本人は右利きが多いので、右側に立つのは一定の意味はあるかと思います。なお、アナウンス自体は「右手が不自由な人は左側に立たざるを得ない」などの指摘を受けて1998年に終了しています。

一方で、別の話もあります。私が大阪で勤務していたときにも聞いたことがありますが、「大阪万博起源説」です。万博は梅田駅のアナウンスから3年後、1970年に開催されましたが、その際、多くの外国人が大阪を訪れることが予想されました。そこで、大阪は国際都市としての姿をアピールするために、交通ルールを基準に「国際標準」の右立ちをとったというものです。1970年の大阪万博で話題となった「動く歩道」は右立ちになっています。

こうした大阪万博説を、都市伝説だとして否定される人もいらっしゃいますが、私としてはこの大阪万博説がとても面白いので、これを信じています。

「海外から人が来るので、それに対応したい」というのは一種のおもてなしの心を感じ、ある意味、関西らしい話だと思っています。

大阪・京都・神戸は、仲が良いのか悪いのか

よく京都と大阪と神戸では、人々の気質が違うといわれます。確かにそれを感じる時もあります。京都の人のほうが比較的伝統を大事にし、大阪の人は楽しく愉快なイメージが

あります。神戸は都会的というイメージがあります。それはまあ、当たっているでしょう。

また「関西は一つ」ではなく、「関西は一つひとつ」という表現もあります。**京都も大阪も神戸もそれぞれ力がある分、なかなか協力しなかった**ということが指摘できます。

もっとも、この環境にも変化が見られます。

例えば、行政の場においては、関西広域連合という仕組みがあります。これは関西府県と政令市などが連合を組んで様々なことを行っているというものです。防災や観光では既に具体的な対応が進んでいます。また今回の万博も大阪・関西万博と、関西という言葉が入っています。万博で来たお客様を関西全体に広げて広域観光につなげていこうという狙いがあります。こうした意味でも大阪1人勝ち・大阪一極集中ではなく、関西全体に成果を広めていきたいという空気を感じることができます。

『京都ぎらい』や『大阪的』という著書で有名な井上章一氏によると、大阪と京都の分裂や対立は、かつてあまりなかったと指摘しています。東京のメディアが京都を褒めに褒めて、大阪を馬鹿にしたことによって、京都はプライドが高くなり、大阪は京都に対して反発心を持つようになってしまったと、著作の中で井上氏は指摘しています。

実際地名をみると、京都の河原町通りや木屋町通り沿いには大阪という名を持つ街があり、木屋町御池の南東が上大阪町、四条河原町を北上した東側は下大阪町となっています。烏丸五条の南西には、大坂町が広がり、新宮川町通りの五条を下れば大阪町に行きます。大阪大木町があるのは堺町通り沿いで三条と姉小路に挟まれたあたりです。たしかにこれほど大阪の名前が書いてあれば、大阪と京都の間でかなり濃密な人間関係があったと井上氏は指摘しており、私もそのように思います。

また、大阪の中央区には船場という街もあり、そこには大阪を代表する商人たちがお店を構えていましたが、井上氏が古老たちに話を聞くと、かつての船場言葉は京都風であったとのことです。船場商人の喋り方はあまり京都と変わらず、お嫁さんには京都の娘を迎えたいという人も多かったとのことです。たしかに大河ドラマの『あさが来た』では広岡浅子は京都の出水三井家出身です。そして大阪の豪商の加島屋に嫁ぎます。

このように見ると、もともと関西は1つであり、その歴史が戻ってきているともいえます。井上氏も、「大阪人や京都人という意識はなく、自分は関西人」としています。今こそ関西が大同団結して関西を盛り上げていくことが大事です。

特別インタビュー

困ったときに助けてあげられる「場のウェルビーイング」が関西にはある

京都大学　内田由紀子教授

欧米から効率化を重視した先進的な経営手法が入ってくるなかで、日本社会や大阪の良さはどこにあるのでしょうか。文化心理学のなかで日本人の幸福感についての研究をされている京都大学の内田由紀子教授にお話をお聞きすることにしました。

石川：内田先生は、文化心理学という分野から日本の幸福感について研究を重ねられています。これはどのような分野なのか教えてください

内田：幸せを感じるという感情や人を助けたいというモチベーション、こうした心の働きは文化的な環境や生きてきた来歴、他者と共有されている価値観とは切り離せないはずだ、というのが文化心理学の基本的なスタンスです。研究テーマとしては、人が持つ感情や対人関係を扱うことが多く、私は幸福感に関心を持ってきました。お金が得られれば幸せだとか、健康じゃないと幸せじゃない、などは普遍的に思われていることだけれども、実は文化的に影響を受けているものもあるのではないかと考えています。

石川：私の専門は経済ですが、昔カーネマンという経済学者が一人当たり年収が75000ドルを超えたら幸福度はあんまり変わらないという研究結果を発表しました。でも最近になって、カーネマンが、再度研究してみると、今のアメリカは、お金が多いほど幸せだという結果になっていたんです。結局勝たなきゃ不幸せみたいになってしまっていて、競争社会というのが強くなっていると感じました。社会心理学の分野ではどのようにとらえられているのでしょうか

内田：心理学者はアメリカの大学に一番多くて影響力も強いので、研究全体としては基本的にアメリカのデータをもとに幸福感を理解してきたという部分があります。例えば、自尊心を持たないとダメだとか、競争に打ち勝つ達成感の重要性とかですね。それはひとえに、アメリカ社会の成り立ちが影響しています。自分たちで新しい社会を作り上げ、自由に意見を述べて制度設計に参画できるという「信念」のようなものが備わっています。また、アメリカでは実際に転職回数も多いですし、付き合いの相手も頻繁に変わるなど、流動性が高い。そういう中では、新しい人と知り合うため、また、より良い場所で働くために、自分を優れた存在としてアピールします。つまり、自分にも選択肢が多くあるようにする、そしてまた、他者からも自分が選んでもらえるようにすることが重要だというのが社会的な仕組みになっている。そうした選択競争の結果、分断や格差も出てきているわけですね。競争の中で勝っていくのが人間の幸せだという幸福感を私は「獲得志向的な幸せ」と呼んでいます。

獲得志向に基づいた指標で日本の幸福感を測定してみると、他国より低くなってしまうんです。そうした国際比較調査の結果から、日本人はなぜ不幸なんだろうかと自虐的に捉える向きもあります。もちろん同調圧力が強いとか、長時間労働だとか理由をあげることもできるわけです。

でも、日本でいろいろ調査を重ねていると、自分で競争して取りに行くよりも、「穏やかで安定した暮らしを大事にする」、「残り物に福がある」という考え方が良く出てきますし、人生観の中にも根付いています。加えて、自分だけが突出して幸せだと居心地が悪くなったりもします。

つまり日本では獲得志向というよりは、周りと調和した形で幸福を築き上げていく「協調的な幸福」が大切にされていると思います。

こうした日本の価値観をもとに、「人並みで穏やかな生活や、周りの人を幸せにしているかを測定することも大事だ」ということを発信し始めると、意外に海外、特にヨーロッパやアジア地域からの反響が大きかったのです。資源も少なくなってくる世界において、行き過ぎを求めず、持ちつ持たれつを重視するようなバランス志向が重要になりつつあるということを示していると思います。

石川：日本にも競争的なカルチャーが強く入ってきていると思うのですが、日本で起きていることをどうお感じになられていますか？

内田：たとえば成果主義などの個人主義や成果主義に基づく制度が90年代後半から2000年代にかけて日本にも定着するようになり、面倒な習慣やウェットな付き合いをなくしていこうとする流れがありました。そうした中で「協調的幸福感」が否定的に受け取られて、「仲良くしなきゃいけないっていうのもイヤ」、「協調性なんて持ちたくもない」という空気もありました。東京に入ってきたグローバル企業の競争社会が輝いて見えて、それをロールモデルとするべきという風潮もあったのではないかと思います。

また、バブル崩壊後にこうしたグローバル競争に対応しようとした関西系の企業が、東京に本社を移したり、関西支社を縮小したりして、東京に集中する動きもあったと思います。その一方で関西らしさを追求するために、関西でがっちりやっていき、独自性を出していこうとした企業もあったと思います。

そうした社会経済的過渡期の中で、もともと日本にあった「協調性」を、価値あるものだとして多少見直すようになってきたのがここ最近の流れの一つかと思います。企業で協調性や「場づくり」の重要性の話をすると、以前にあったようなネガティブな反応が減ってきていると感じます。

最近「場のウェルビーイング」というのを提唱しているのですけど、良い場所を作るにはどうしたらいいかという問いかけも増えてきました。今後、それがまたなにか新しいものにつながっていく可能性があるかもしれません。

生活者に目を向けてみると、東京は人が多く競争がわかりやすい分、明確な成功失敗の価値軸がほしくなるようで、居住地であるとか経済的成功などのわかりやすい指標として表れているように思います。いろいろな人がやってきて価値軸が多様になればなるほど、自分のアイデンティティも確認したくなり、わかりやすいソーシャルステータスで安心したくなるのかもしれません。

それが、関西ぐらいの規模であれば、一定の格差意識はもちろん存在はしているものの、そこに雑多性というか、個性が認められているようにも思います。わかりやすい経済的な成功でなくても、それぞれの場所にそこに応じた幸せがあるというアイデンティティも備わっている。

そうしたアイデンティティは、「自分たちは地域のつながりがしっかりある」、「ここに住むことに自分にとっての価値がある」、という意識につながると思いますが、そうしたことがウェルビーイングおいては大事なんじゃないでしょうか。

石川：「場のウェルビーイング」についてもう少し教えてください

内田：日本の地域のデータを取っていた時に、地域の行事一つとってみてもコミュニティによって異なるのだということが見えてきました。行事や自治会活動にみんなが消極的な気持ちで参加していたり、固定化されたメンバーによって運営されることがあると思います。そうしたところでは義務意識の方が強く、なかなか楽しんで活動ができないわけです。例えば、行事や会合に不参加だと、陰口を言われるんじゃないかと思ってしまい、這ってでも行くみたいになっていく。その根底にあるのはお互いを心からは信頼できないという意識ではないでしょうか。そういうコミュニテイではおそらく新しく来た他者が自分たちと同じようにルールを維持してくれるかどうかが不安になるので、どうしても排他的になってしまう。

コミュニティで協調的な幸福感を機能させるためには、お互いの信頼に基づいた「場」をちゃんとつくるというのが大事なのではないでしょうか。うまくいっているコミュニティでは、いろんな行事をいろいろな人が多種多様に、楽しそうにやっているように思えます。

義務じゃなくて、とにかく面白くてやっている。しかも出入り自由で。「しんどいと思ったら休んでいいよ」など、その場の空気感やルールの作り方がゆるく設計されていることが大切だと考えています。

つまりウェルビーイングをもたらす場とは、出入り自由で、かつ、みんながそこの場のために貢献したいと思っている。自分も場に参画することで、何かの養分をもらえると思っている、そのような場所であり、個人の幸せと場の良い状態が循環することかと考えています。最近企業風土でも、心理的安全性への注目が高まっていますが、場づくりに注目することで、具体的な一人一人の行動を変革する要素が分析できるかもしれません。

例えば失敗したことをちょっと面白おかしく共有するのが、大阪の文化にありますよね。あれはなんとなく「失敗しても大丈夫」「笑いに変えて支えあおう」というゆるさもあり、「場のウェルビーイング」につながっていると思います。

石川：博報堂DYグループの調査でも、関西のウェルビーイングの高さの背景には本音で話せることや周りが反応できる共鳴する関係、いろんなことを共有する文化があるのではないかと説明していましたね。では、いろんな企業で取り入れられることってあるのでしょうか？

内田：会社や職場によっても違いがあるのですが、ある程度「共有する」ということに対してはどこでも大事なんだと考えています。一方で、その共有の仕方には会社のカラーが出ているように思います。インフォーマルかつフラットにやって楽しくワイワイするほうがうまくいくところもあれば、行事っぽくやったほうがいいところもあったり。

大事なことは、困った時にちゃんと人に助けを求められる空気があるということ。場がうまくいってない時は、あちこちからため息が聞こえてきたり、忙しそうにみんなバタバタしているかと思います。そんなにしんどそうで忙しそうな人に相談事をもちかけられないですよね。「今声かけたら面倒くさそうにされるかもな」と思い始めると、どんどん一人で問題を抱えこむようになってしまいます。

その様子を見て、またその人の隣の人は、この人には頼めないなという空気になる。つまり連鎖するわけです。

場全体でみると忙しさや抱えている事象も個人間で多少ばらついているので、実はうまいこと分け合った方がよいということがあります。そう考えると、自分の手を止めてでも相手の話を聞いて、お互いそれをやり合いっこすることが、最終的には組織の生産性の高さにつながるのではないかと考えて、今は実証的なデータを取るような研究を進めようとしています。

石川：今はいろんな会社が専門性やジョブ型にシフトしていて、「それぞれが専門性があればいいや」になっちゃう。それを避けていくためにはどうすればいいのかを考えないといけないと思っていました。

「頼めない連鎖」など、〝悪い〟気持ちの連鎖って会社の中で広がっていくので、楽しい連鎖をどうやって作っていくのかっていうのはすごく大事だなと感じました。ありがとうございました

第4章

人が集まる、人が育つ、大阪の会社の底力

(1) 本音・共鳴・シェアを大事にする

「あいうえお」と「おいあくま」

職場や学校で、様々な教訓を先輩方から教えられたことはありませんか。

漢文調の格調高いものから、思わず「くすっ」と笑える面白いものまでいろいろあると思います。**特に関西ではやはり少しコミカルなほうが心に残るよう**です。

日本一明るい経済新聞の編集長・竹原さんは「あいうえお経営」という言葉を提唱しています。**「あ」が明るさ、「い」は意志の強さ、「う」は運が良いと思い込むマインド、「え」は縁を大切にする姿勢、「お」は大きな夢**です。

たしかに社員が全員、この「あいうえお」を追求していくと、会社はどんどん元気になるでしょう。前掲の「船場商人のいろはかるた」にも通じるマインドです。

この言葉を聞くと思い出す一人の経営者がいます。

それは住友銀行の副頭取をされ、その後アサヒビールの社長も務めた樋口《ひぐち》廣太郎《ひろたろう》氏です。

樋口さんは明るさを大事にする「ネアカ人生」を提唱していて、それにまつわる書籍も出版しています。経営危機であったアサヒビールを立て直した意志の強さは、尋常ではなかったでしょうし、彼が書いた本などにも書かれていますが、「自分は運が良い」と常々おっしゃっていたようです。

縁を大事にするに至っては、アサヒビールに転職する際に、銀行で一緒に働いてお世話になった方々のお墓参りをし、お宅を弔問していったそう。ビール会社の経営者でありながら、お酒はあまり飲めず、「ただ夢を持って人生に酔う」ともいっています。

樋口氏の「あいうえお」はとても大きな意味があると思います。

さて、私が新卒で就職した住友銀行は住友グループであり、関西の会社です。新人研修の際の、役員の発言が印象に残っています。それは**「おいあくま」**です。**怒るな、威張るな、焦るな、腐るな、負けるな**の頭文字を並べているのです。

その時の記憶をたどれば、登壇した役員は、「社会人は人間力が大事であり、それはこの項目をすべて守れば培うことができる」と語っていました。

たしかに謙虚な人であれば人を怒ったりもしませんし、威張りもせず、またあせらず腐らず、着実に努力をすれば実力が上がるでしょう。困難に負けない人間も立派です。

この言葉は住友銀行で長い間頭取をした堀田庄三氏の言葉という説もありますし、阪急でよくいわれた言葉という説もあります。いずれにせよ、関西企業で使われていた言葉のようです。いまの若い世代が、この言葉を聞いたことがあるのか確認できていないのですが、関西で育った中間管理職や役員クラスには、この言葉で自分を律してきた人が多いはずです。

関東は論破、関西は対話が目的

さて、京都大学総長を務め、ゴリラの研究で世界的に有名な山極壽一《やまぎわじゅいち》先生は東京生まれ、関西育ちであり、両方の文化をよく知っている方です。そのため、私も東西文化論を考える際には、山極先生のお言葉をいつもみています。

山極先生は、**「関東はディベート文化、関西はダイアログ文化」**とおっしゃいます。

ディベートは相手を論破することが目的なので、議論の最初と最後で自分の考えを変えてはいけません。それに対してダイアログでは話の最初と最後で全く別の結論に至ると指摘しています。たしかに東京では正しいことを追求する空気がありますが、関西では馬鹿みたいな雑談から「ひょうたんから駒」のように新しいものが生まれるといった感じです。

これに関して、小説家の柴崎友香《しばさきともか》さんが面白いことを指摘していました。それは「大阪弁は会話を続けるためにある言葉」であることです。

大阪の人の会話は、意味の伝達よりも続けること自体に意味があります。大勢の人が集まって生活する中で潤滑油の役割がありました。柴崎氏によると、しゃべり続けている間、自分は怪しくないということを具現化しているといっていました。

逆に東京では意味を素早く伝えることにとても意識がいっているように思います。

それは東京大学と京都大学の入試問題にも表れています。東京大学の入試は文章を読んで的確に手短にまとめる能力が要求されます。一方で、京都大学の入試では、解答欄が非常に大きく、自分の意見を長文で書く能力が要求されます。

ひたすら会話を続けることが関西の人育ての極意ともいえそうです。

さて、関西の会話でよく使われる言葉に「知らんけど」という言葉があります。そして東京の人はこの言葉に対してあまり良いイメージを持っていないのがとても印象的です。柴崎さんは「もし東京の人と大阪の人がこの会話をし、その場にいたら、めっちゃ解説に入りたい」といっていました。

柴崎さんによれば、大阪の人は会話を続けることが目的なので、「知らんけど」とつけることで、その話の信頼性が宙吊りになっても宙吊りのまま受け止められるため、まさに会話を続けることに有効なツールであると説明しています。

私も関西にいたときには「知らんけど」という言葉をよく聞きましたが、東京の人が思うほど、無責任な言葉だとは思いませんでした。憶測ですが、この言葉が口癖の関西人の意識としては、「先ほどは『ありえへん』といい切ってしまいましたが、よく考えると確固たる証拠が十分とはいえないままいってしまいました。よく知らずにいってしまいました。これは『私の感想』ですので、あなたの意見はそれなりに尊重します」と説明されているように感じていました。

さて、このように関西では1つの話をすると、様々な方面から意見がたくさん出てきます。この辺、**「何でもよかよか」の一言で一方向に流れてしまう福岡とは大違い**です。私は福岡生まれで、東京で就職し、大阪で仕事をした人間なので、3つの文化の細かい違いを感じることがあります。

人気エコノミストの藻谷浩介さんとお話ししたところ、「関西には様々な観点から会話があるので議論が深まる。福岡は何でもよかよかで認めてくれるので、話をしていて、気持ちは良いが議論にならない」とのことでした。これはなかなか鋭いコメントです。

「それほんま?」で、部下は考える

関西で仕事をすると特に感じるのが、本音で語り合う文化です。

実際私もこのような経験があります。ある日、私の友人がプレゼンをして、その中でA社の取り組みがとても素晴らしいと説明しました。その時それを聞いていたある業界の幹部が一言、「それほんまに思ってますか?」と質問しました。私は友人のプレゼンを聞いているときには特に違和感なく聞いていたのですが、その幹部が一言「ほんま?」と聞いたことで、なんとなくそのA社の取り組みが綺麗事に思えたり、かっこいいことは事実だけども、本当は利益が出てないいんじゃないかという疑問が生じたのも事実です。

関西を代表するグローバル企業であるダイキン工業の井上礼之《いのうえのりゆき》さんも同じような発言をしています。井上さんは、「常識、成功体験、専門家の知識はすべて過去から生まれたものであって、変化が激しい世の中では既に時代遅れになっている可能性が高い。そのため、こうしたものに対しては、いつも健全な批判精神を持たなければならない」と、雑誌や様々なメディアで発言されています。

ちなみに、報道等によれば、**ダイキン工業では、上司が部下に対して「ところで君はどう思うのか」「上司に歯向かってこい」と下の人の本音を聞き出す文化があるとのことです。**上下関係なく本音で語り合える社内文化の重要性が示唆されていると思います。

東京と大阪で仕事を経験してみて、大阪のほうが東京よりも人口が少ない分、一対一の関係は深くなる傾向があると感じています。

そのため、少々脱線をしても、過去の付き合いから互いに許し合える空気があります。一方で、東京はたくさんの人がいますので、深い付き合いをする人の数が少し減ってしまう傾向があります。

大阪では深い付き合いをする人が多い分、そのグループでの議論が深まりやすいのかもしれません。付き合いの深さが、しがらみのような感じになるのも無いわけでは無いのですが、それさえ注意すれば、奥深いコミュニケーションができているといえます。

年がら年じゅうしゃべって、観察している

企業は、様々な新しいことにチャレンジしたり、また課題にぶつかったりと、大変苦労しています。その時にどのように解決するのかというのはとても大きな問題です。イノベーションのジレンマで知られるハーバード大学教授のクレイトン・クリステンセン氏は、ベンチャー企業にとって必要な4つの思考パターンを示しました。

これはベンチャー企業に限らず、多くの企業の人材育成にとって、重要な概念です。それは**①質問する、②しつこく観察する、③仮説を立てて実験する、④アイディアネットワーキングを持つ**というものでした。

まず質問するというのはとても重要です。いろいろな経営者の方と会って感じるのは質問力が高いこと。時間が限られているときには、ある程度的を絞って質問しなければなりません。その時に本質をついた質問ができるかというのはとても重要になります。

次にしつこく観察するというのもとても重要な観点です。最近、経営学の分野では、OODAループが注目されています。それはオブザベーション（観察）、オリエンティッド（方向付け）、ディシジョン（決定する）、アクション（行動する）というループを高速で回します。つまり、**計画策定に時間をかけすぎない**のです。ある経営学者は、日本ではPDCAをやりすぎていると発言しています。とりわけ、「プランを作るPに時間をかけすぎて、結局世の中の流れについていけない」と指摘しています。

観察して、行動を起こして、反省して、また観察するといった動きがとても重要になるのだと思います。OODAループとPDCAサイクルを比較してみましょう。

PDCAサイクルは、後戻りすることが難しい「サイクル」であるのに対し、OODAは後戻りすることが可能な「ループ」になっています。だから、OODAはサイクルではなく、ループと呼ぶのです。変化する状況の中で、過去の経験やしがらみ、因習にとらわれることなく、現状に合った行動をするために設計されているのがOODAループです。

特にオブザベーション（観察）のステップでは先入観を持つことなく、公平かつ客観的に行うことが推奨されているところが、変化が速い現在に適しているとされます。そのため、不確実性の高いVUCAの時代ともいわれるような、将来を予測することが困難な変化の激しい昨今において注目されています。

なお、OODAループは米軍で採用された考え方です。ベトナム戦争の時代には計画・実行・統制サイクルをベースに組織を運営し、ホワイトハウスの「ウォールーム（戦略司令室）」で作戦指揮計画を立て、地球の裏側でそれを実行させるというやり方で動いていました。そしてそれが失敗するなか、新たな手法として導入されたのがOODAといわれます。2011年ウサマ・ビンラディン急襲作戦ではOODAループを活用した作戦がうまくいったといわれています。

そして実験するのもとても重要です。机上の空論と現実では全く違うというのはよくあること。机上である程度シミュレーションするから、実験がうまくいくという面もありますが、机上での議論シミュレーションと実験をうまく組み合わせていくことが大事です。

やはり、「やってみなはれ」というのがとても重要だと思います。松下幸之助も1970年の万博の時、自分たちのパビリオンのところでやってみないとわからないではないかといってオペレーションを実験したようです。

さて、これらを踏まえた結果、特に大事なのがやはりアイディアネットワーキングです。eBayの創始者であるピエール・オミダイヤ氏は、**何か疑問ができたときには自分がどう考えるかではなく、まずこの問いを誰と話すべきか**と考えているそうです。

相談をして次のアクションにつなげてくれる人もいれば、こちらの取り組みの悪いところを指摘して話が進まなくなる人もいます。

話を潰すのではなく、話を発展させてくれる人は誰なのかという問いかけはとても重要です。**年がら年中しゃべっている関西人は、「誰と話すべきか」をとてもよく考えています。**

賛成派も反対派も間違ったことはいっていない。ただ話を進めるのであれば、自分の賛成派を味方につけたほうがいいですし、賛成派のロジックを使って新たなものを生み出していくべきでしょう。

天才は、人付き合いから生まれる

イノベーションが生まれる要因は、さまざまあります。

関西経済同友会の方と一緒に『Think Bigger』という本を書かれたシーナ・アイエンガー

先生にお会いした時、彼女がとても面白い話をされていました。

「ピカソはなぜこれほど有名な画家になったのでしょうか？　もちろんピカソには類まれな絵画の才能があります。しかし、彼の素晴らしいところは付き合いが大変広かったということです。様々な研究家がピカソの交友関係を調べているのですが、非常に多くの画家「以外」の方と会っています。そこで自分の絵を見せることで反応を見てそれを改良して素晴らしい絵にしていたのです。

また天才物理学者のアインシュタイン氏はどこがすごかったのでしょうか？　もちろん数学的な頭脳があったのは事実でしょう。もう一つ面白いことに、彼は一時期特許庁で審査官をやっています。ここで多くの特許案件を審査するうちに、さまざまな技術を知り、それをうまく結合して相対性理論などの革新的な物理学の理論を開発したのです」

つまりどんな天才も、たくさんの人のアイディアに囲まれたからこそ、生まれたというわけです。

さて、一方で関西です。

共感、共鳴を大事にする関西、ダイアログを大事にする関西では、非常に多くの方と知り合うことができます。多くの出会いを大事にしている関西企業、関西の人材だからこそ、思いがけないイノベーションが生まれる可能性が高いのです。

なぜ関西のトップ営業は、東京でも活躍できるのか

大阪企業の人事関係者からよく聞く話があります。

それは、「**良い人材はどこでも取り合いとなるけれども、関西だと比較的すんなり探せる、**関西で優秀な営業職は関東でも活躍するが、逆に関東の優秀な人が必ずしも関西で成功するとは限らない。東京がたしかにスタートアップ企業の中心となっているが、社長は関西弁をしゃべっている、つまり関西出身が多い」といった話です。

その理由はいろいろあると思いますが、私は**関西のお客さんが営業パーソンを教育しているる面が強い**と考えています。大阪人の文化、おせっかいなところは、もちろんお客さんにもあり、おしゃべりな人がいろいろ教えてくれるので、営業パーソンに知識と知恵が備わっていきます。また、東京よりも飛び込み営業がしやすいので、アポなしでお客さんを訪問する営業スタイルはまだまだ健在です。いろんなところに飛び込んでいる間に、度胸

とトーク力をあげていくのです。

人材派遣会社の方とお話しすると、**関西の人は非常に優秀であっても東京に行きたくないという人が比較的多く、そのため大学や就職の際に地元に定着しやすい**といいます。

東京は営業パーソンが多いこともあり、分業的です。ところが大阪のような地方だと、勤務している人の数が少なく、複数の業務を1人でこなさなければなりません。必然的に、どこでも活躍できるオールラウンダーな人材が、勝手に育っていくわけです。

東京に本社がある場合、本部から距離的に遠いので、サポートを受けにくくなるデメリットもあるのですが、逆に本部から遠いので、実験的なことをしても実は見つからないことも多いのです。本部のお膝元にいると、「なんだその企画は！」と潰されてしまうことでも、「まずはやっちゃえ」とチャレンジしやすく、思いがけないアイデアが多数生まれてくる土壌になっています。

古い調査になりますが、ダイヤモンド社と東京商工リサーチの調査がなかなか面白い結果を示しています。経営者の出身地と出身大学別に見た企業の売り上げランキングなんですが、**大阪出身で東京大学卒の社長がトップ**です。また兵庫県出身で東大卒が3位、兵庫県出身で京都大学が4位、大阪出身京大卒が5位、大阪出身で阪大が6位と、関西出身者のパワーが顕著になっています。ちなみに2位は東京出身東大卒です。

関西勤務の後、私は東京に戻ってきましたが、関西生まれの方は非常に東京に多くいます。また関西で勤務された方もたくさんいます。私も時々東京のメディアに出ることがあるのですが、関西で私に取材をしてきてくれた記者さんと東京でも一緒にお仕事していきます。関西で人脈を作った人々が東京で羽ばたく、そういったエコシステムができつつあるように感じています。

なかなか本題に入らない打ち合わせ

関西人は一般的にコミュニケーション能力が高いといわれています。それも、必ずしも言葉ではなく「コミュニケーションできる」といった面が個人的には面白いと思っています。例えば大阪の女性たち。彼女たちは必ずバッグの中に飴玉の袋を持っているといわれます。そして何かの機会に気軽に人に分けてくれます。「あめちゃん。どうぞ」となぜか「ちゃん」付けなのですが、この〝あめちゃん〟も、みんなに配って空気を和ませる面白い「仕掛け」だと思っています。

またインバウンド観光客に対しても、言葉が通じなくても何とかハートで通じさせてしまうところは関西人の面白いところです。一方で、たくさんインバウンドの人が来ているので、関西人の語学力も上がっているとは思います。

さて、関西人のコミュニケーション能力というのはどこから来ているのでしょうか。

一つはやはり歴史の長さです。千年を超え、商売の街であり、交通の要衝であった長い歴史を通じて、たくさんの人と交流をしてきたのです。

首都圏が、東京を頂点とするヒエラルキー型であるのに対し、関西は中心を持たない連邦型です。大阪、京都、神戸など、個性豊かな街がそれぞれ自己主張しながら横の関係につながり合っている、多様で分散型の地域です。

その意味では、他人との垣根が低く、見知らぬ人同士でも仲良くなって対等に付き合う文化が関西には根付いています。この**長年の対等な交流が、コミュニケーション能力を磨いてきた**と考えられます。

たしかに私の経験からいっても、**関西の方は打ち合わせの時、なかなか本題に入りませ**

ん。東京にいるとすぐ打ち合わせが始まり、短い時間で終わってしまいます。関西の場合は最初は近況報告から始まって話が横道にそれて、結局1回目の会議はそれだけで終わってしまうこともあります。打ち合わせの最初の3回位は、このままでは間に合うのかなとスケジュール的に不安になったりすることも正直あります。しかし、本題からそれまくったことでお互いのキャラクターが通じあい、その後は、驚くほど話がスムーズに進みます。

一見無駄な寄り道にしか見えないこうしたおしゃべりが、実は軌道修正できる力となっていきます。他人のことをよく知ってから行動に移すというのが関西人のビジネスの仕方であり、それが長い関係を続けていくのだと思います。

(2) 反骨心と負けない気概

東京には負けたくない

関西の経営者の特徴としては、やはり「反骨心」が挙げられます。**首都の東京に対する**

負けたくないという気持ちが大きなビジネスの推進力になっているのです。野球でいえば、プロ野球の中心が巨人であれば、それに対抗するのが阪神であり、その生き様に心動かされるのが関西人といえるでしょう。

経営者のアンケートなどを見ても、そのように答える経営者は多くいます。最近では、伊藤忠商事の岡藤正広会長なども東京に負けたくない気持ちがあったと様々なメディアで発言されています。ただ東京に負けたくないという気持ちだけではなく、苦しいところから這い上がってきた経営者が多いのも、関西の特徴です。

古くはシャープを創業した早川《はやかわ》徳次《とくじ》のように関東大震災で工場をすべて失ってしまい、関西で再起を果たした例もあります。

また松下幸之助は「こけたら、立ちなはれ」という言葉で、苦しい時から復活することをいい表しています。高収益企業で、最近各方面から注目が高まるキーエンスの滝崎名誉会長は、3回目の起業でキーエンスの前身のリード電機を立ち上げています。失敗から多くを学んで決して挫折しないその強さが関西の経営者の強みといえるでしょう。

関西出身の経営者として分類されることはあまりありませんが、日本マクドナルドを創業した藤田田《ふじたでん》氏も大阪出身です。彼のインタビューや本を読むと、やはり東京への対抗心が至るところで現れます。藤田さんはもともと外交官になりたかったらしいのですが、ある外交官から、関西弁でしゃべる人は外交官になれないといわれたことから、外交官をあきらめ、ビジネスの世界に進んでいったと書いています。また彼は『ユダヤの商法』というビジネス書を著しているのですが、その中でも差別に負けないで頑張っているユダヤ人に対してシンパシーを感じています。逆境から這い上がってくる強さを大事にしているのが、関西の人材育成といえそうです。

関西の反骨心を振り返るにあたって、それを象徴するエピソードがあります。それは明治維新です。明治維新によって日本の首都は東京に移ります。その結果、様々な機能が東京に移り、京都も大阪も元気がなくなってしまいました。

大阪は大名に対して地元の商人が多くのお金を貸していましたが、江戸幕府が倒れたことによってその融資がほとんど返ってこなくなってしまいます。そのため、大阪経済を支えてきた両替商が打撃を受けます。老舗といわれた企業もたくさん潰れてしまいます。また京都も天皇陛下が東京に行ってしまったので、経済が衰退してしまいます。狐やたぬきが住む街になってしまったと嘆かれたといわれています。

その後、大阪は五代友厚による経済近代化の動きが進められます。彼は現在の大阪商工会議所、大阪証券取引所、大阪市立大学の前身となる組織を作り、これまでの家族経営的な組織から近代経営へと移り変わる橋渡しをします。また大阪で紡績企業が発展し、これが大成功。明治時代後期には東洋のマンチェスターと呼ばれるほど世界最大級の工業都市に変貌します。その後近隣都市の合併もあり、一時期日本で最大の人口を抱える都市となります。**この時代を「大大阪（だいおおさか）」ともいいます。**

京都も様々な改革を行います。明治2年には市民が提供した基金によって小学校が作られ、教育を重視していきます。西陣ではフランスのジャガードが導入され、技術革新が進みます。その他にも欧米の技術を入れて様々な工業が発展していきます。また1895年には第4回内国勧業博覧会が京都で開催され、百万人以上の入場者を抱え大変な賑わいの中で同博覧会を終了させます。この結果、道路やホテルの整備が進み、京都の観光都市としての基礎が作られます。

このように一旦どん底に落ち込んでも、そこから新しいものを取り入れ、さらに発展するＤＮＡが関西にはあります。このＤＮＡが人材豊富な関西の基盤ともいえるでしょう。

万博準備で育成中の、反骨心

本書を執筆している２０２４年9月時点では、万博に対して後ろ向きな報道が多くあります。また、それに対して、ネットの掲示板などでは、万博はもう歴史的意義がないとか、税金の無駄遣いなのでやめるべきだというようなコメントがよく見られます。

しかしながら、私が大阪の人々にお会いすると、万博に対して期待している人は非常に多いと感じます。多くのメディアから厳しい意見をいわれても、準備をしている人はじっと耐えて成功に向けて頑張っているというのが現状です。ここにも大阪の人の反骨心が見てとれるのです。

さて万博ですが、１９７０年の万博も開催前はあまり下馬評が高くなかったといわれています。堺屋太一さんの本を読んでも初日の入場者数は当初予定の半分しかなかったとのことです。テレビの時代が来ているので、現地で万博を味わうのは時代遅れだというような意見もあったようです。そういった意味で、１９７０年の万博と今の状況は開催時点では似ていると感じています。

準備をしている人は様々な新しい取り組みを考えています。万博は半年間の祭りです。半年間の間に人々が万博を見る目が変わるんではないかなと思っています。

大阪の人の反骨心が万博を成功に導くことを期待しています。

西松屋の駐車場が、ガラガラでも平気な理由

もう一つ面白い関西企業を紹介します。それは西松屋チェーンです。皆さんの家の近くにも西松屋という乳幼児用品を扱うお店がありますよね。大きな駐車場があり、そこに大きな店舗があります。**駐車場もガラガラ、お店もガラガラという感じで、パッと見経営が心配になります**。

しかしながら、売上高は25年間上昇傾向にあります。

なぜこうしたガラガラ経営をしているかというと、お客様にストレスを感じさせることなく気持ちよくお買い物をしていただきたいという発想からなのです。

車を店舗に直付けできる形態は、小さいお子様連れでも簡単に入りやすく、駐車が苦手

な人でもストレスを感じないで車を止められます。

郊外に出店が多いのは、家賃を抑えて少しでも安く商売したいからです。従業員も、同じ時間帯に2名というのが基本体制で、作業内容は極限まで簡素化する工夫もしています。1店舗あたりの商圏人口を10万人とし、リピーターを確保することできっちり稼いでいく。そして子育て世帯を支援する社会インフラになりたいというのが西松屋の尖った経営だと思います。

弱くても、みんなで力を合わせれば、うまくいく

いまや誰もが持っているスマートフォンの発展の契機になったのは、やはりカメラ付き携帯だと思います。このカメラ付き携帯を生み出したのは、実は関西企業というのをご存じでしょうか。

カメラ付き携帯はもともと京セラが開発したものですが、それは時代が早すぎてあまり流行らなかった歴史があります。そして本格的に普及したのはシャープＪＳＨ04です。京セラもシャープも関西企業です。

この話は、ＮＨＫの番組でも話題になりましたが、当時のシャープの携帯事業部は存続の崖っぷちに追い込まれていました。そうしたなか、起死回生の手段として投入したのがカメラ付き携帯です。

彼らはJPhoneと組んで参入したのですが、当時は弱者連合と陰口をたたかれました。弱者連合といわれると東京の人は厳しく思うかもしれませんが、大阪で仕事をしていると、東京という絶対的な強者がいるなか、弱者連合で仕事をすることはよくあります。

さて、彼らは事業部の存続もかかっており、本当に執念で開発を進めました。

執念といえば、日清食品の創業者である安藤百福氏の言葉を思い出します。彼の言葉に「発明はひらめきから。ひらめきは執念から。執念なき者に発明は無い」というものがあります。また江崎グリコを創業した江崎利一氏は、「商売は２×２イコール５。当たり前を超え、努力を重ねれば成果は増える」としています。また経営者ではありませんが、京都生まれの名野球選手・野村克也氏は「失敗を乗り越える執念を持て」と発言しています。

まさにこの精神を具現化したのが、このカメラ付き携帯なのです。

ある意味、関西の経営全体が、弱者の戦略といえるかもしれません。ナンバーワンでないからこそ、普通に考えると負けてしまう。それを乗り越えるためには合理的な計画なども必要ですが、それに執念を出さないといけないということだと思います。そうした人材を生み出すことが関西企業の強さだと考えます。

ネアカ　のびのび　へこたれず

「ネアカ　のびのび　へこたれず」とは、私が関西にいるときによく年配の方から聞いた言葉です。非常に関西っぽい言葉で、私自身とても元気が出る言葉だと思っています。この言葉は様々な経営者が発言しているのですが、一番有名なのは、ダイエーの創業者である中内㓛《なかうちいさお》氏だと思います。

中内氏が経営していた時のダイエーは、「良い品をどんどん安く」というキャッチフレーズで価格破壊を進めていきました。安く売るために様々な工夫をしてきたのが中内氏の凄いところです。

そして1972年には百貨店の三越を抜いて小売業売り上げトップまで成長、1980年には初めて小売業界で売り上げ1兆円を達成しました。企業経営だけでなく、経団連の副会長に抜擢されるなど、経済団体を引っぱるほか、流通を近代的な産業にしたいとの思いから、流通科学大学を開講しています。

企業経営の枠に収まらず様々なことをやりました。南海ホークスを買収し、福岡にダイエーホークスを誘致しました。私は北九州市出身ですが、私が生まれた頃には、福岡にはプロ野球球団はなく、プロ野球のチームは時々やって来るものであり、プロ野球は福岡をホームグラウンドにしないもの、と思っていました。そんな時、ダイエーホークスが福岡にできた時は本当に嬉しかったことを覚えています。学校で毎日ダイエーホークスの試合結果についてクラスメートと話をしていたことは懐かしい思い出です。

ダイエーホークスの本拠地は博多ですが、準本拠地を北九州にしており、なぜか北九州では強かったこともよい思い出です。私は地域経済の活性策としてスポーツというものは十分に機能すると思っているのですが、それはこの福岡の時の経験があるからです。現在も全国で様々なプロスポーツを誘致して、それが町おこしにつながっている事例がありますが、これは中内氏が先べんをつけたといっても良いでしょう。

もう一つ、中内氏の話で忘れてはいけないものに、阪神大震災に関する話があります。

阪神大震災は関西発祥であるダイエーにも、かなり大きな被害を与えました。しかしながら、その苦境においても、「店の明かりをつけるだけでも、それでも被災者たちは元気が出るものだ。被災者のために明かりを消すな。お客様が来る限り、店を開け続けなさい。流通業はライフラインだ」と発言し、ダイエーやローソンなどの照明を24時間点灯し、被災者を勇気づけました。この哲学は今のダイエーにも引き継がれており、東日本大震災でも同じような対応が行われました。

それでは、中内切氏の人材教育のあり方を見てみましょう。中内氏の人材教育で注目されるのは、「仕事は現場で覚えるもの」という常識があった当時には珍しく、**職場から離れた場所で、経営理念や業界動向について勉強する社員研修に力を入れている**ということです。例えば、内定式で読むべき本を指定されるほか、入社後1カ月間の研修所研修や一部自己負担ですが入社前米国研修等もあったようです。こうした研修によって人材が豊富な会社となり、**実際ダイエーが破綻した際には、多くの人材が流通業界に流れ、流通業界全体を底上げしたと**もいわれています。

非常に読書家、勉強家で中内氏は知られていました。そして経営哲学や信念を社員や流通科学大学の学生に向けて〝from CEO シリーズ〟というハガキを送ることで伝えました。書籍も多く出しており、「言葉の人」と呼ばれることもあります。実際、「良い品をどんどん安く」「人間とは本来弱いものだ。だが、信念とか使命感で行動する時は、なぜか果てしなく強くなる」などの名言を残しています。

また中内学校とも称される、地元の経済界の人たちとの勉強会も熱心に行いました。ユニクロの柳井正会長など、中内㓛氏への尊敬の念を示す経営者は全国に多く存在します。社員教育だけでなく、会社の外の人にも影響与えたところが、大人物といえるところでしょう。

確かに、中内氏はダイエーを大きくしたという意味では、大きな業績もありますし、今述べたように様々な大きなことを成し遂げた大経営者です。一方で、晩年はダイエーの経営が厳しく、かつてのカリスマ性が失われたのも事実です。そして2001年に時代が変わったとしてダイエーを退任しました。消費者が見えなくなったと嘆くこともあったといわれます。

退任する際の株主総会は、2時間36分の大荒れ総会となりました。そして中内氏は壇上を降りて去っていきます。その時、株主の1人から「議長！　中内さんがあまりにも寂しすぎる。拍手で送ってあげたい」との声が上がって、中内氏は再登場、その時には満場の拍手が鳴り止みませんでした。

中内さんが亡くなった際には、ダイエーは産業再生機構入りしていたので、社葬が行えない状況でした。そこでイトーヨーカドーの創始者の伊藤雅俊《いとうまさとし》さんや、イオン創業者の岡《おか》田卓也《だたくや》さん、日本チェーンストア協会などが発起人となって、お別れの会が開かれました。福岡ドームの電子掲示板には「ありがとう!!　中内㓛さん、福岡はあなたを忘れません。安らかにお休みください」と表示されました。

一般的に会社を破綻させてしまった経営者は、その後感謝されるということはあまりないのかもしれません。しかしながら、中内さんに関しては多くの方が感謝の気持ちを表明し、中内さんを尊敬する気持ちを持ち続けていました。

経営者を多面的に見守るというのもある意味、関西らしいところかもしれません。

(3) 地域を大切にする

売り手・買い手・地元の三方よし

関西にいてよく聞く言葉に、「三方よし」があります。

さて、三方よしとは、どのような考えなのでしょう。これは、商売においては、売り手と買い手の二方が満足するのは当然のことであり、もう一方の社会に貢献できてこそ良い商売であるという近江商人の考えです。

たしかにこの考えが実践されれば、多くの人から愛されるビジネスになると思います。長期的な関係になればなるほどこうした考えはとても重要です。

かつてハーバード大学の先生がこの言葉を口にしたときにはとてもびっくりしました。世界ではこの言葉に対して関心を持つ人が増えています。例えば、ステークホルダー資本主義という言葉を聞いたことがある人も多いと思います。この「ステークホルダー資本主義」が世界で注目を集めるようになったきっかけは、2019年8月の米経済団体ビジネス・ラウンドテーブルが「米国の経済界は株主だけでなく従業員や地域社会などすべてのステークホルダーに経済的利益をもたらす責任がある」という声明を発表したことです。以降、多くの企業家が関心をもっています。

そのなかで、三方よしも海外の経営学者などに関心をもたれているといえるでしょう。また、企業の分野ではパーパスを設定する企業も増えてきました。私が所属する日本総合研究所もそうです。これも一種の三方よし的な考え方だと思います。さらに**国連が進めているSDGsも持続的な成長で課題解決を行うという意味で、三方よしに近い言葉**なのではないかと思っています。

さて、私の専門の経済から一つ加えたいと思います。経済の分野では well-being やGDPを改良する Beyond GDP の議論が進んでいます。例えば、国際機関の動きをみると、OECDは、所得だけでなく主観的幸福度まで考慮した Well-being 指数である Better Life Index（BLI）を策定しているほか、国連も、GDPを最重要とし、それを補完する指標まで考慮した、Beyond GDP 等について研究を進めています。

また先進国では、省庁の垣根を越えて、解決すべき課題ごとの Well-being 予算作成等の対応が進んでいます。これらの動きは、総じてみると、ＧＤＰをベースに、格差是正、自然環境の保全、社会的なつながりの確保、教育の改善等が考慮される傾向があります。一部の日本のメディアではこれを「脱ＧＤＰ」「資本主義を辞める」と表現していますが、そうではなく、資本主義やＧＤＰを増やしながら、社会問題の解決を両立しようとしているといえます。

まさに関西企業は世界の最先端の経営理論や経済理論を既に実践しているといえます。

さて、利益については「汚く稼いできれいに使う」という言葉もあります。これは稼ぐときには何でもして良い、使うときにはきれいに使いなさいと解釈されることもありますが、実際調べてみると様々な解釈があるようです。

例えば人から蔑まれた仕事であっても、それを一生懸命することで、きれいにお金を使うことができるといった趣旨にとる人もいますし、自分の仕事が正しいと思うと暴走してしまうから、生き方にはきれいな面と汚い面の二面性があるべきだというような解釈をされる方もいるようです。利益の在り方については哲学的な議論ができそうです。

鉄道の計画運休は、関西から始まった

日本人のサービスは世界でもとても有名です。しかしながら、過剰サービスが問題になることもあります。本当にお客様にとって良いサービスとは何なのかとは、かなり哲学的な問いだと思います。

大阪にいた時に、そのことを感じさせるエピソードがありました。

それは計画運休というものです。これまで鉄道会社はお客様に少しでも利便性を提供したいと考え、台風等が来ても最大限運休せずサービスを提供していました。しかしながら、ギリギリまでサービスを提供して、電車には乗れたとしても、そこから先は家に帰れないなどの事態が発生することがあります。また途中で下車することになってしまっては、かえってお客様にご迷惑をかけます。台風などはある程度天気予報で事前にわかるものです。そこで台風が近寄ってきているときに関西の鉄道会社は計画運休というものを発表しました。計画運休が初めて注目されたのは、２０１４年の台風14号の接近に伴って行われたJR西日本の事例だといわれています。

初めて計画運休のニュースを聞いたときには、なかなか珍しいことだと思いましたが、かえって予測可能性が高まるので、利用者としては便利さを感じました。実際、関西でうまくいってからは全国に広がっています。

これはこれまでの鉄道会社の常識ではなかったものです。しかしながら、真剣にお客様のことを考えた結果実施されたものだと思います。**一見不便に見えるけど、実はそれが一番便利であること**。お客様にサービスを提供するその姿勢は、多くの企業も見習うものがあると思います。

なお、計画運休については、関西での取り組みをきっかけに、国土交通省が2019年10月に、一つのガイドラインとして「鉄道の計画運休の実施についてのとりまとめ」を作成し、①利用者への情報提供の内容とタイミング、②振替輸送のあり方、③地方自治体への情報提供の方法、④情報提供タイムラインの作成、などが示され、全国の鉄道事業者は、これをベースにより円滑に計画運休が実施できるように対応を進めています。

もう一つ、関西の企業でお客様との関係を見直すものがありました。それはカスタマーハラスメント対策です。JR西日本は2024年5月24日、乗客等から理不尽な要求をされるカスタマーハラスメントに対してきちんと定義を行い、それに対して対応策の基本方針を策定したことを発表しました。

カスハラとみなす主な行為の例としては、セクハラに該当する言動、侮辱的差別的な言動、罵声や暴言、土下座の要求、マスコミやＳＮＳへの暴露をほのめかした脅し、正当な理由のない商品やサービスの提供等が提示されています。そしてこのようなことをされた場合には、最も厳しい対応としては乗車拒否も実施するとしています。

従業員の安心や安全、人権を守ることが実はより良いサービスという形でお客様に喜んでいただけると判断したということがあるようです。たしかにカスタマーハラスメントは従業員だけではなく、その周りのお客様に対しても不快感や危険が及ぶことがあります。それを避けるためには、そうしたお客様に対して毅然とした対応を取ることも重要です。本来であれば商売というものは会社側も、お客様側も両方が喜ぶ win-win の関係であるべきです。しかしながらその関係がこれまで崩れてきたと思います。これからは両者が喜ぶような形でビジネスが行われるようになってほしいですし、その先鞭を関西の企業がつけたのだと思います。

関西のダボス会議は何が起こるかわからない

関西には関西財界セミナーという大きな会議があります。

関西の企業経営者が年に一度、一堂に会し、国、地域、企業経営のあり方を議論する伝統あるセミナーです。1963年の第1回以来、毎年2月に開催されており、2003年の第41回セミナーからは関西経済同友会と関西経済連合会の共催となっています。

企業経営者に加えて、外国企業、在日公館、大学、自治体など幅広い分野の方々も参加しています。ある意味、ダボス会議の関西版といえるものです。基本的には京都で開催されていますが、2025年は阪神・淡路大震災から30年となる節目の年ですので、震災の記憶や教訓を語り継ぐ意味を込めて神戸で開催されます。なお、神戸開催は震災10年の2005年以来、20年ぶり2回目です。

私も関西で仕事をしているときには、会議運営の裏方として仕事をしたこともありますし、意見を発表する立場の人間として参加していました。そういうわけでこのセミナーの裏も表も知っているのですが、**本当にガチンコの意見をぶつけ合います。**

事前に論点は示されますが、当日にならないとどのように流れるかわからない。個人的には最初は意見が食い違ったとしても、だんだん共通点が見えてきて、その結果みんなが一致するような方向性が見えてきたときには、議論の素晴らしさを感じるほどです。

実際、歴史を紐解くと、このセミナーは初回から世の中の構造変化に際して、本音で議論するというDNAがあるようです。1963年2月6日、国際通貨基金（IMF）は日本に対し、IMF協定8条に基づき国際収支の悪化を理由に為替取引を制限できない「8条国」への移行を勧告しました。条件の厳しい「8条国」になることは先進国に向けて第一歩を踏み出したともいえますが、世界経済の荒波に打って出ることも意味しており、日本企業の競争環境が激化することが予想される出来事でした。

関西財界セミナーの第1回は、IMF勧告が出た当日（日本時間7日）と重なり、「転換期に生きる企業」をテーマに、目前に迫る開放経済への対応にどう臨むべきか、経済人65人が切迫した議論を交わしました。

関西電力の太田垣士郎《おおたがきしろう》会長は、「黒部の太陽」でも有名になった難工事である黒部川第四発電所（黒四、富山県黒部市）を例に「経営者は現場をつかみ、社員の心をつかめ」と主張したほか、松下電器産業（現パナソニックホールディングス）の松下幸之助会長は「オランダ・フィリップス社との合弁で松下電子工業を設立した際、相手に技術指導料を払う代わりに、こちらも経営指導料を取ることにした。経営の価値を正当に評価すべきだ」と発言しました。２人の話は出席した経済人たちの心をつかんだといわれます。

企業経営について真剣な議論が行われるのと同時に、あまり企業人が発言しない社会問題についても切り込むこともありました。

１９８０年の第18回セミナーでは、当時の日向方齊《ひゅうがほうさい》関西経済連合会会長が「非常時に対しては徴兵制などの研究も必要であるかと思う」と述べると、ダイエー創業者の中内㓛氏が「異議あり！」と叫んで「日向さん、本気ですか？　あなたの息子さんが戦争に行って戦死してもいいんですか？」と激しく詰め寄ったこともありました。まだ防衛問題が半ばタブー視されていた時期です。取材していた記者が驚いて鉛筆を落とした、と伝えられています。

最近は米中対立などで企業経営も難しくなっています。また、万博によってどのような関西全体の成長戦略を作るのかといったことも関西財界セミナーで議論されています。

こうしたオープンで熱心な議論ができる場所の存在が、関西企業人の研鑽に繋がっているといえるでしょう。

(4) 冒険せよ、ただし生還せよ

やってみなはれ! ファーストペンギン! でも儲けなきゃダメ

関西では「ファーストペンギン」という言葉もよく聞きます。ファーストペンギンとは、集団で行動するペンギンの群れの中から、天敵がいるかもしれない海へエサを求めて最初に飛び込むペンギンのことを指します。それが転じて、先駆けて新たな取り組みを行う企業や人材をファーストペンギンと呼ぶことが増えています。

こうしたなか、関西経済連合会が作成した関西ビジョン2030においても、「～先駆ける関西、ファーストペンギンの心意気～」と先駆的な存在でありたいとの姿勢が示されています。

他の経済団体はどのようなビジョンがあるのでしょうか。

経団連のビジョンが「『豊かで活力ある日本』の再生」、北海道経済連合会が「2050北海道ビジョン～『課題解決先進地域』のフロントランナーを目指して～」、東北経済連合会が「新ビジョン2030『わきたつ東北』～結び、はぐくみ、未来をひらく～」、北陸経済連合会が「スマート・リージョン北陸」、中部経済連合会「中部圏の将来ビジョン～2050年を見据えた中部圏の広域的な地域づくり～」、中国経済連合会「活力に溢れ豊かさが実感できる中国地方」、四国経済連合会が「四国が目指す将来像～四国の未来創生に向けた問いかけとして～」、九州経済連合会が「九州将来ビジョン2030―共生・共感・共創アイランド九州～成長と心の豊かさをともに～―」となっています。

各団体の性格が意外と出ています。関西人の、より先駆けたい気持ちの表れが手に取るようにわかるのが興味深いです。

さて、ファーストペンギン理論では、ファーストも大事であるが、セカンドペンギンもさらに重要だといわれます。なぜならば、ファーストペンギンは1人で飛び込んでも、その時には周りから変わり者としか見られず、誰もついていかないまま終わってしまうからです。

ファーストペンギンが飛び込んだ後にそれに追随するセカンドペンギン、サードペンギンが必要なのです。関西では確かに人より先に行く人も多いのですが、それを温かく見守るやさしい人がたくさんいます。

その一つの例がいわゆる〝あめちゃん〟をくれる関西の女性です。関西で新しいことをやっている人の周りには、そうしたセカンドペンギンがたくさんいるということにも留意する必要があります。ある意味、人とは違うことをやっても許容する文化が、先駆けるためには不可欠なのです。

ファーストペンギンという言葉を聞いて、「やってみなはれ」という言葉を思い出した方もいらっしゃるかもしれません。ある意味、この言葉がもっとも関西の経営者や企業人を鼓舞する言葉ともいえます。

自分の信念や思いに従って、まずはやってみる実験場所という、関西にまさにふさわしい言葉だと思います。この言葉は、サントリーの創業者鳥井信治郎の言葉です。そしてこの言葉は歴代の社長が検証し、今では**関西の人々の元気が出る言葉に成長しました。**様々な文献を見ると、松下幸之助さんもこの言葉をよくおっしゃっていたようです。

鳥井さんは、ワインや国産ウイスキーの製造に執念を燃やしました。当初は、海外モノが美味しく、日本で作るなんて、とても無理だと思われていました。

しかしながら「やってみなはれ。やらなわからしまへんで」との言葉で、やり遂げたのです。私はこの言葉の裏側にあった信念にも注目します。

それは「洋酒報国」です。日本人に受け入れられるウイスキーを作り洋酒の輸入金額を半分にすることで、日本に貢献したいという思いです。

そして「わしがウイスキーを作るのは、日本の事業者が誰1人手を出そうとせんから。日本でもウイスキーを作れることを実証したいんや」という言葉にも信念を感じます。

人間は、「自分が世の中に役立っている」という使命感がないと、最後まで努力ができません。別の章で説明しますが、三方よしの精神と、やってみなはれが融合すると、大きなことができるといえるでしょう。

さて、お酒ついでに別の話を。現在、日本のウイスキーは、ジャパニーズウイスキーとして世界でかなり人気があります。先日米国に出張したのですが、現地の日本人から「ジャパニーズウイスキーをお土産に持っていくと、現地の人が非常に喜ぶ」という話がありました。また日本酒も大変元気です。日本酒は関西に宮水というおいしい水があり、これが関西の灘や伏見のお酒を有名にしています。

また大阪はデラウエアがたくさん穫れることから、大阪のブドウを使ったワインも作られるようになっています。大阪のワインは、地域ブランドとして国が知的財産として保護するGI地理的表示が認められており、まさに大阪のブドウで、大阪の個性を生かしたワインが作られています。ほかにも、たこ焼きに合うシャンパンなども作られています。「やってみなはれ」がどんどん大きくなって、今や関西はお酒の面で世界に君臨しているといえるでしょう。

さて、「やってみなはれ」というと、何でもかんでもチャレンジするように見えますが、当然ながらどこかに自己規律がないと失敗だけになってしまいます。

キーエンスの滝崎名誉会長は、**「やってみなはれ。でも儲けなきゃだめよ」と添えているようです。**キーエンスは時価総額よりも一人当たりの利益率や一人当たりの生産性にとてもこだわりを持っています。また日本一高い給料を目指すともいっています。その意味でやはり儲けについて真剣に考え、そのためには何でもやってみようと思っているようです。また、やってみなはれの裏側には、人を肩書で見るのではなく、アイデアや人間性で見ていく文化があると思います。

鳥井信治郎氏は、「日本に報いたい」という気持ちからの「やってみなはれ」でした。キーエンスも社員の満足度を上げるための、「やってみなはれ」です。「やってみなはれ」の前に何を目標にするのかということが、とても重要になります。

日中国交正常化の裏に、関西財界あり

関西がファーストペンギンとなり、先見性・独自性を示したエピソードに関西財界の訪中団があげられます。

関西経済界は１９７２年の日中国交正常化に先駆けて大型経済ミッションの「関西財界訪中団」を派遣しました。日中国交が正常化する前年の８月２日、関西同友会代表幹事の佐治敬三《さじけいぞう》（サントリー社長）は、京阪神同友会夏季会員懇談会で中国の国連参加を支持し、

「われわれは関西財界による訪中ミッションの編成をしたい」と演説しました。

それをきっかけに経済団体として初めて大規模な訪問団を組成することとなります。微妙な政治情勢から、様々な障害がありましたが、9月15日、関西経済連合会等の在阪経済5団体を核にした訪中団が出発しました。そして23日夜、人民大会堂でついに中国首相との懇談が実現し、随行秘書も含めた全員と握手した周は、最後に**「皆さんの来訪を機として関東の人たちが来られることを歓迎します」**と述べました。田中内閣によって国交が正常化するのはそれから1年ほどたった翌1972年9月29日のことですので、国交回復の先鞭をつけたといえます。

2012年の訪中団も多くの人々の関心を呼びました。尖閣諸島問題など政治面での日中関係が厳しい状況であり、日中の対話がなされていない時だったからです。その時は、次期国家主席と目されていた習近平国家副主席との面談が実現したことが話題となりました。面談の模様はその日の夜の中国中央電視台CCTVのトップニュースで中国全土へ流され、50以上のインターネットのニュースサイトが記事を掲載、中国側の期待の大きさを示したものでした。当時、私は大阪で勤務していましたが、日本が中国と没交渉となるなか、関西のこうした動きは日中が正面衝突しないためにも大変意味があることだと感じました。

そして2024年秋、米中対立で中国も西側諸国に対して厳しい姿勢を示し、反スパイ法などで日本企業もビジネスをしにくい状況下、再び関西経済界は大規模な訪中代表団を派遣します。

中国の政府や経済界の幹部と会い、2025年大阪・関西万博への協力やビジネス環境の改善などを話し合う予定です。関西経済連合会と大阪、京都、神戸の商工会議所、関西経済同友会、日中経済貿易センター、日中経済協会関西本部の7団体の幹部らで、50～100人規模を想定。団長は、関経連の松本正義会長（住友電気工業会長）と大商の鳥井信吾会頭（サントリーホールディングス副会長）が共同で務めるとのことです。

また、北京で万博への来場を呼びかけるイベントを開くほか、政府機関や経済界の幹部らとの懇談では、万博をてこに、社会課題の解決に向け、両国企業の協力を促すこと、改正反スパイ法の施行などで悪化しているビジネス環境の改善や、ビザなし渡航の再開など、かなり難しい課題について議論するとのことです。

これまでの関西訪中団は日中が厳しい状況にあるなか実施され、それが関係改善のきっかけになってきました。いわば火中の栗を拾ってきたのが関西経済界の歴史です。今度の訪中団もそうなることを期待しましょう。

「またも負けたか8連隊」は、ぜったい玉砕しなかった

帝国陸軍歩兵8連隊をご存じでしょうか?

大阪におかれた陸軍の部隊ですが、戦前には「またも負けたか8連隊」という風説とともに広まった俗謡があったといいます。「弱い」というのは、明治期からの陸軍上層部の評価で、それが世間一般にも広まったといわれます。

いろいろ調べてみると、それほど弱かったわけではないようで、本当に重要な戦いのときには、周りが驚くような戦果も挙げていたようです。

ただ、確実に負けるとわかっているときは、無理をせず、勝てる見込みがあったら反撃するという合理性が、「積極性がない」と見られたことがこの歌につながったと聞いています。一方で、直木賞作家の伊藤桂一は第8連隊は頭の良い戦い方をしたといっています。

そのため上官の命令であろうが、何があっても玉砕するという考えはなかったようなのです。隊員は商売をしている家庭の出身者が多く、**戻って跡継ぎにならなければならないので簡単には死ぬわけにはいかなかった**ともいわれています。

ここから見ると、関西人というのは、合理性をとても大事にし、それに則って行動することがわかると思います。逆に理由があれば死ぬ気で頑張るという面もあるのです。

第8連隊の名誉のために、彼らの合理性と素晴らしさを、この本で示しておきたいと思います。

長寿企業の秘密は、従業員も大事にすること

最近経営学の現場では、長寿企業の秘訣について研究することが増えています。長寿企業の特徴は、「身の丈経営」という言葉にある通り、必ずしも広げることを重要視していない点があります。昔から商売と屏風は広げると倒れるということわざもあります。浮き沈みは世の常と考え、着実にビジネスをしている企業が長寿企業となっていきます。

関西は長寿企業が多いというデータがあります。

創業100年以上の長寿企業の都道府県別ランキングをみると、トップ10に2位の大阪、5位の京都、7位の兵庫が入ります。明治維新以前に創業した企業に限っていえば、京都が1位で大阪が4位、兵庫が8位です。関西の長寿企業は約5000社あり、全国の約20%を占めています。歴史が長いという事は、それだけ経験が蓄積しているということです。

長寿企業の良いところはどこでしょうか。長寿企業の社長は親から代々と繋がれてきたファミリービジネスであることが多い傾向があります。その結果、社長の帝王学が小さい時から学べるのです。

オーナー企業が多いので、オーナーの在任期間も長い傾向があります。そのため決定が早いほか、他の分野の進出や新商品の立ち上げなど、ダイナミックな事業革新の進めやすさというのが挙げられます。また、オーナー企業の子息は、他の会社で修業することも多く、それによって経営者として育っていくということです。

近畿経済産業局では、関西の長寿企業から学ぶこととして次の3点をあげています。

①「長期的な経営視点をもち、良き伝統を大事にしながらも、環境の変化を先取りし、不

断の革新を繰り返してきたこと。短期的な利益よりも長期的、持続的な企業の存続を基本とすること」

②「何よりも顧客を大事にし、商品のブランドや企業のアイデンティティーを大切にすること。従業員を資産だと考え、教育、訓練や長期的な雇用を重視すること」

③「株主だけでなく、顧客、従業員、地域社会などのステークホルダーにもバランスよく配慮すること」

このような関西の長寿企業の良さを、もっと全国に広めていきたいと考えています。

(5) とことん学ぶ

松下電器はマネシタ電器

関西の企業を語る際に、京都企業の存在は無視できません。京都企業はその独創性を武器に高収益な企業が目立っています。京都は学問の街であり、世界的に見ても、独創的な研究を行っています。京都大学出身者にノーベル賞が多いのが、その端的な例でしょう。**ニッチなところを見つけて、そこからグローバルに展開する**。京都企業の強さというのは私も関西にいた時に感じました。

一方で、かつて大阪には別の路線もありました。松下電器のことをマネシタ電器と揶揄する人がいたように徹底的に相手から学ぶという路線です。松下幸之助さんは**「我々にはソニーという素晴らしい研究所が東京にある」**と冗談でいっていたことが有名です。

よく「学ぶの語源は、真似る」といわれますが、日本企業は昔に比べて海外から学ぶ姿勢が弱くなってしまったことについて反省すべきかもしれません。

一方で、この模倣ということを少し冷静に考える必要があります。松下幸之助は、もともとは大発明家でした。それが発明にこだわるのではなく、より良いものを徹底的に学んで、そこから本当に自分たちにとって必要なものを新たに発見するという、独創性を発揮しています。

そもそもイノベーションは、新結合といわれます。あるものに、別のものを掛け算して生み出すのがイノベーションです。京都と大阪からイノベーションについて様々考えることができます。

大きなビジョンを持つ、夢を持ち続ける、出会いを大切にする

堺屋太一さんという方がいらっしゃいます。1970年代の万博を企画し、実現まで持っていった人です。私が万博や大阪経済の専門家になったのは、実は堺屋さんも少しだけ関係しています。

当社の上層部が堺屋さんと面談をした時のこと。その時は2025年の万博を誘致しようとしている時でした。その時に堺屋さんは「大阪万博の目標が3千万人というのは、志が小さい。5～6千万人を目指すべきだ。ぜひとも大阪万博を後押しするような情報発信をしてほしい」と発言されました。その指示が私に降りてきて、大阪万博に関するレポートや講演会などを実施し、その結果、大阪に関する本も出版することになったのです。また堺屋さんの講演会にも何回か行き、お話もお伺いしたことがあります。

堺屋さんはまさに「知の巨人」であり、日本経済について大きな刺激を与えてきた方です。私は堺屋さんに関する本をかなり読み込んでおり、一種の「堺屋太一評論家」である

のですが、堺屋さんの凄さをここで少しだけご紹介したいと思います。

まずは**大きなビジョンを持つ**ということ。

ビジョンを持つためには重要なことは、実は知識です。古今東西の歴史を勉強し、また最近の世の中の情勢変化を踏まえた上でビジョンを作っていく必要があります。自分の思いつきではなく、人々が動くビジョンとなるためには、実現性が必要になります。

その意味での堺屋さんの凄いところとしては、通産省で得た様々な業界の知見をうまく活かして、大きなビジョンを作っていったことが挙げられます。その際、重要なこととしては、数字の裏付けも必要ということです。堺屋さんの小説第1作目は中東からの石油輸入が途絶えた場合の影響をシミュレーションした予測小説『油断！』です。これは当時としては珍しく、大型コンピュータを使って計算し、影響を具体的に示すことで説得力を持たせました。今では何か新しいことをするときにコンピュータを使ってシミュレーションをすることは当たり前となり、私のような民間エコノミストは毎日のように行っていますが、それを最初にした人ということができると思います。

2点目は**夢を持ち続ける**ということです。堺屋さんは万博について若い時から関心を持ち、それについてアイディアを書きためていました。戦争直後に大阪で開催された復興博覧会で衝撃を受け、このようなイベントをやりたいと思ったことが、その後の人生につながっていきます。堺屋さんは、人間にとって必要なことは、「子どものような夢（稚夢）を見て、人が聞いたら、アホかと思うようなことを一生懸命やること（気迫）が人生の楽しみだ。そして自らの才能を信じ（人才）、感謝の気持ちを持って処する（仏心）」ことだと発言しています。

また、**日々の出会いを大事にする**ことも、とても重要だと思います。堺屋さんは万博の準備の初期には関わっていますが、開催直前に転勤になってしまいます。鉱物資源を取り扱う課に移ったのです。普通であればそこでへこたれてしまうところですが、彼はそこでも新しい仕事に邁進します。その際、様々な鉱物資源のことを学び、そこでマンガン団塊に出会います。それが後々になって「団塊の世代」という言葉を生み出すことにつながっていきます。若いときにはエリザベート・マイジンガーさんという方と知り合い、人生の様々な判断において、彼女のアドバイスをもとに決断していきます。人のアドバイスを聞く柔軟性を持ちつつ、最後は自分で決めるというところが我々にとっても学びとなります。

最後は**独立独歩の姿勢**です。お会いしたときの印象としては、世間の常識とは全く違うことを、平気で発言されます。周りが堺屋さんの先見性についていけなくても、どうやらそれには慣れっこのようなので、自分の意見を丁寧に説明してくれます。堺屋さんがいっていたことが、後になって理解できるというものが多かったように思います。

個人の自立というところは、空気に流れやすい日本人から見るとなかなか真似しにくいところです。その一方で、敵を作るようなことはあまりなかったように見えます。自主独立を貫きながらも敵を作らないということがとても重要でしょう。

堺屋さんの生き方は、我々にとっても勉強になるところがあると思います。こうした人と触れ合ってきていることがある意味、関西人の強みなのかもしれません。

子どものころから、お金について考える

大阪にいると、商都ということもあって、商売についていろいろ考えている人が多いです。また先祖代々の家業を継ぐ人にもたくさん出会います。サラリーマンや公務員が多い東京都とは、少し雰囲気が異なります。

商売人の家で育つと、子どもの頃からお金について考えることが増えます。親が自分の会社の事や資金繰りについて話すことも多いようです。

さて、先ほど堺屋太一さんの話も出ました。堺屋さんの子ども時代を振り返って、子どもとお金についてどのようなことが考えられるか見てみましょう。

堺屋さんが小学校に入学した時、お父さんは小学生には不似合いな大金を与えました。それは月に5円の生活費です。学費、小遣い、自分のお菓子、すべてそれでまかなわなければなりませんでした。自分の裁量で生活することを学び、お金の使い方、お金の重みを実感したのです。

堺屋少年はひたすら節約に努めたそうです。戦争が激しくなってくるとお菓子などは配給制になりました。買えるときに買っておかないと手に入りません。そのためつねに現金を持っていて、配給があれば直ちに購入していたといいます。**そしてお金がない子に対してお金を貸すことまで始め、利子までつけました。**

利子をつけないと貸したお金がいつまでも返ってこないだけでなく、借金のある人は利子の高いお金から先に返済することをこの頃から見抜いていたようです。ある意味、かわいげのない子どもかもしれませんが、それほど優秀だったともいえます。

全国学力テストで大阪が起こした奇跡

学校教育は私の専門でもないので、あまり触れてはいませんが、西村和雄・八木匡編著『学力と幸福の経済学』（日経ＢＰ）によると、実は大阪市で面白い動きが起きているので、その動きを説明したいと思います。この話は学校教育だけでなく、企業経営にも生きるかもしれません。

かつて全国学力テストで、大阪市は最低レベルでした。政令指定都市の結果が発表されるようになった２０１７年の調査では、大阪市は8教科中、小6算数を除く7教科で20政令指定都市の中の最下位という状況。それが、**２０２３年度には、算数で12位、国語で11位と最下位を脱し、政令指定都市で真ん中レベルまで上がってきている**のです。その他のテストでも大阪市のレベルが上がってきているようです。

大阪市は、いったい何をしたのでしょうか？

一つは学校の風紀を良くすることです。

２０１０年頃の大阪市では、文部科学省が毎年発表する児童生徒の問題、行動等に関する調査で暴力行為が非常に多く報告されていました。

そこで安心して過ごせるような様々な改革が行われました。

まずは、ルールの事前明示です。日本のほとんどの学校ではしてはいけないことを明示していません。例えば、友達の持ち物を盗んではいけないというルールは、当然すぎてどこにも書いていません。しかし、してはいけないことを事前に明示し、ルールを破った場合の対応を決めたのです。そして、このルールを破った場合の対応は、罰というよりも約束というものでした。

大阪市では２０１５年11月17日にしてはいけない行為を明示した学校安心ルールの案が発表され、２０１６年7月から各学校で実施されました。暴力や窃盗といった行為に目が行きがちですが、指導は比較的軽微な段階、例えばからかいなどをやってはいけないと、子どもたちに自覚させて規範意識を高めていくというものでした。そして、それをした場合にはやってはいけないよねという指示を与えるようなものにしており、罰則に注力はしていません。

その結果、学校が落ち着きを取り戻していったようです。2014年には大阪の小中学校の1000人あたりの暴力行為発生件数は全国平均の3倍ありましたが、2017年には2014年の4分の1まで減りました。市民からは、市内から不良の姿が減ってきたといった感想まで寄せられました。

それに加えて、当然ながら学力向上策も取られています。算数では漠然と学力向上を目的にするのではなく、「割合」という単元に焦点を絞って、学習を強化しています。なぜ「割合」に力を入れているかというと、割合は速度や濃度の問題に使われ、中学入試でも出題される重要な概念なのですが、算数嫌いを生みがち。そこを丁寧にやったようです。たしかに割合がわかれば分数ができない大学生が出てこないというのも理解できます。

国語では読解力と作文力を目標にしました。国語の授業では教科書をただ読んでいくのではなく、主語が何かを確認しながら読んでいくという作業によって、作者のいいたいことを適切に見抜くことができるようになりました。

また、文章の要約にも取り組みました。文章を要約することは読解力そのものでもあり、ある意味で作文の練習にもなります。

通常の教科書を使って、通常の授業中にやっていけば、教員の負担も増やさなくて済むということで、普段の授業だけで読解力と作文力がついていったのです。

最近は理科に関心を持たせる授業も始めています。

例えば7月には七夕の由来と天の川について話をしたり、秋には台風について学んだりしています。日食や月食があると太陽と月について学ぶなど、季節や出来事に応じて理科の授業に取り入れるといった工夫をし始めています。生活科や図画工作の授業でも取り入れています。

2023年の段階では理科の推進校はまだ4校のみですが、大阪府が実施した学力テストでは、大阪市の全体の平均は前年度を上回っています。

こうしたモデルが大阪府や関西各県に広まっていけば、大阪の教育レベルは上がっていきます。私立ではなく、公立の学校が力をつけているのはとても心強いことです。私立の学校は当然ながら経済的な余裕がある家庭でないと進学できません。公立の学校のように、幅広く教育のレベルが上がっていけば教育の底上げが図られ、また大阪の活気が増えていくと思います。

姉妹都市にも、関西の性格があらわれる

さて、大阪、京都、神戸3つの街について語るのに、**意外と性格がはっきり出るのは姉妹都市を見ること**です。

例えば大阪市はサンパウロ（ブラジル）、シカゴ（アメリカ）、上海（中国）、メルボルン（オーストラリア）、サンクトペテルブルグ（ロシア）、ミラノ（イタリア）、ハンブルク（ドイツ）の世界7都市と姉妹友好都市を提携しています。全般的に大都市であり、政治都市というよりは経済都市のイメージです。国際会議や国際イベントが多いところも似ており、国際的な商業都市といえるでしょう。

京都市はパリ（フランス）、ボストン（アメリカ）、ケルン（ドイツ）、フィレンツェ（イタリア）、キエフ（ウクライナ）、シーアン（中国）、グアダラハラ（メキシコ）、ザグレブ（クロアチア）、プラハ（チェコ）が姉妹都市です。全般的に歴史と文化の香り高い都市が多いです。町並みが綺麗なところが多いのも非常に京都に似ています。

神戸市はシアトル（アメリカ）と姉妹都市関係を結んでいます。シアトルはボーイング

などの重厚長大産業もありますが、Microsoftといった I T企業、スターバックスなどの飲食業まであります。産業のバランスが良いところです。ほかにもマルセイユ(フランス)、リオデジャネイロ（ブラジル)、天津（中国)、リガ（ラトビア)、ブリスベン（オーストラリア)、バルセロナ（スペイン)、仁川（韓国）などと姉妹友好都市関係を結んでいます。

さて、こうした姉妹都市からその街の特性を見ていくのに加えて、大阪府が目指している方向性も重要であると思います。

私が所属していた「万博のインパクトを生かした大阪の将来に向けたビジョン有識者ワーキンググループ」では、重工業から産業構造転換をして都市再生に成功したところ、都市における成長産業が大阪と類似したところ、寛容性・多様性に富み生活の質が高く、世界から多くの人が集まるところをベンチマークとしました。

具体的には、歩行者中心の街づくりをしているコペンハーゲン、産業構造の転換に成功したシアトル、文化と経済がともに発展する戦略を進めているバルセロナ、製鉄業からハイテク産業に産業構造を転換させたピッツバーグ、繊維産業からライフサイエンスに産業構造を転換させて、空港を活用したまちづくりを進めているマンチェスター、全米で住みやすい街第1位のポートランドです。

これからの大阪が目指す姿はここにあると考えています。そしてこれに合った人材を生み出していくことが関西企業の人材育成にとっても重要になると考えています。

大阪企業家ミュージアムで、とことん学ぶ

私が関西の企業人を育成するのに、大きな貢献をしているのではないかと思える施設があります。それは大阪企業家ミュージアムです。

ここは2001年6月に開設したわが国唯一の企業家に関するミュージアムです。2021年3月末現在で、海外100ヵ国以上から累計32万人を超える来館者が訪れています。大阪を舞台に活躍した企業家105人の足跡を紹介する展示があるほか、インタビュービデオやライフストーリーを紹介する企業家デジタルアーカイブなどのオリジナルコンテンツを備えてスタートしています。また、大阪企業家名言集やアニメ冊子を制作するなど様々な取り組みをしています。

私も初めてこの企業家ミュージアムに行った時に、歴史的な企業家の名言を読んで大変刺激を受けました。ミュージアムの館長の宮本又郎氏が、「勇気と希望を育む場」と述べていますが、その通りだと思います。

いくつか名言をご紹介したいと思います。まずパナソニックの創業者である松下幸之助氏の言葉が企業家名言集に入っています。

「事業経営において一番根本になるのは経営理念を確立することである。この会社は何のために存在しているのか、この経営をどういう目的でどのようなやり方で行っていくのかについてしっかりとした基本の考えを持つということである」と書いてあります。

今話題のパーパス経営を先取りしたような言葉です。松下電器が業務を急速に拡大しつつあるなか、幸之助は事業経営のあり方について深く思いをめぐらし、神の使命を自覚しました。そしてその使命を従業員に発表して以来、それを会社の経営理念として事業を進めていくようになります。つまり経営理念を決めてから経営に魂が入り、事業は急速に発展していったといわれています。

またダイキン工業の創業者である山田晁氏はこのような名言を残しています。

「私は終生、踏切り、割り切り、思い切りの3切り主義戦略と研究・普及の2キュー戦術を経営哲学のモットーとした」とのことです。

踏切りとは見込みがつけば時期を失することなく実行に移す決断をすることであり、割り切りとは時代の流れを見極め、将来性があれば多少の犠牲を惜しまない判断を示します。思い切りは最初の目論見に反し無理だとわかったら躊躇なく断念するというものです。また研究と普及は車の両輪のようなもので、「研究が成功しても、最後は世の中にどれだけ普及するかが大事だ」と述べています。

NHKの朝ドラ『あさが来た』のモデルとなった広岡浅子《ひろおかあさこ》はこのような言葉を残しています。

「現代が現実を重んじるだけに、夢を見る人が必要である。夢を見なければ指導者たることができない」

たしかに経営は現実が重視されます。また我々は経営学を学べば学ぶほど、地に足がつきすぎてしまうかもしれません。そうした時代こそ、夢を語り、その夢を実現するための道筋を思い描けることが真のリーダーであるということでしょう。

住友グループの重役であった広瀬宰平《ひろせさいへい》の言葉もあります。「逆明利君、これを忠と言う」というものです。出典は、中国の古典であり、たとえ主君の命令であっても、主君の利益にならなければ、あえてその命令に逆らう、それが真の忠義であるというものです。**ただ社長のいうことに従うわけではなく、社長や株主にとって本当に正しければ、その命に反してもやり遂げる**という強い信念を持った言葉だと思います。

シャープの創業者である早川徳次の言葉もあります。

「他者に真似されるような商品を作れと、会社の研究部にいっている。良い商品だから、模倣されるのであって、逆にそういう商品でなければ発展しない」

ある意味松下幸之助のマネシタ電器とは違う路線ではありません。1つの地域に新たなものをどんどん作っていく会社もあれば、それを模倣してもっと良いものを作る会社もある。そしてそれに負けない新しいものを作る会社があるといったエコシステムが、地域にとって必要だと考えさせられます。

近鉄グループの佐伯勇《さえきいさむ》の言葉も載っています。

「果報は寝て待てではなく、果報は練って待て。そこに成功への道が開かれるわけだ」

つまり、いつでも常に考えを練ることで準備しておきなさいという意味です。

この言葉の背景には1959年9月の伊勢湾台風があります。伊勢湾台風で近鉄名古屋線は壊滅的な被害を受けました。佐伯はこの災いを転じて福とすべく復旧工事と合わせて、かねてから周到に準備を進めてきた大阪名古屋間の大規模な路線工事を断行しました。

この英断で名阪間の直通運転が実現し、その後の近鉄の発展の大きな基盤となっています。大災害があっても復旧で終わらすのではなく、以前から大きな考えを準備することで、逆に復興まで持っていくという大きな話だと思います。

ハウス食品グループの浦上郁夫《うらかみいくお》の言葉は、ビジネスマンだけではなく、人間としての心構えを感じさせる言葉です。

「謙虚な自信と誇りを持とう」

この背景には、事業規模の拡大に伴い統一した意思行動、人づくりが難しくなってきて、これをどのように乗り越えるかがハウス食品の中で大きな問題になったことがありました。

浦上以降は、新しい時代の行動規範ハウス十論を設けています。これはその中の一節になります。

京セラの創業者で名経営者でもある稲盛和夫の言葉もあります。

「人生・仕事の結果＝考え方×熱×能力」

稲盛氏によると、人生や仕事の結果は考え方と熱意と能力の３つの要素の掛け算で決まるといいます。このうち能力と熱意はそれぞれ０点～１００点まであり、これが積でかかるので、能力を鼻にかけて努力を怠った人より、自分には普通の能力しかないと思って誰よりも努力した人のほうが、はるかに素晴らしい結果を残すことができるのです。

そしてこれに考え方がかかります。考え方とは生きる姿勢であり、これはマイナス１００点からプラス１００点まであります。

つまり熱意や能力があっても、考え方次第では大きくマイナスになったり、逆に大きくプラスにもなるということを示しています。能力や体力だけではなく、その人の人間性が大事だということなのでしょう。

またイトーキの創業者の伊《い》藤《とう》喜《き》十郎《じゅうろう》の言葉にも、名言があります。

「私が先例や。皆さんは後から来れば良い」

まさに〝ファーストペンギン〟〝やってみなはれ〟を示した名言だと思います。

さて、たくさんの名言をご紹介してきましたが、大阪企業家ミュージアムでは7つの概念を示しています。志・変化・先見性・挑戦・創意・自助・意思です。この7つの概念がどれだけ広がっていくかが、今後の関西の企業の方向性を決めると思います。

第5章

大阪から学ぶ、日本が元気になる人づくり提言

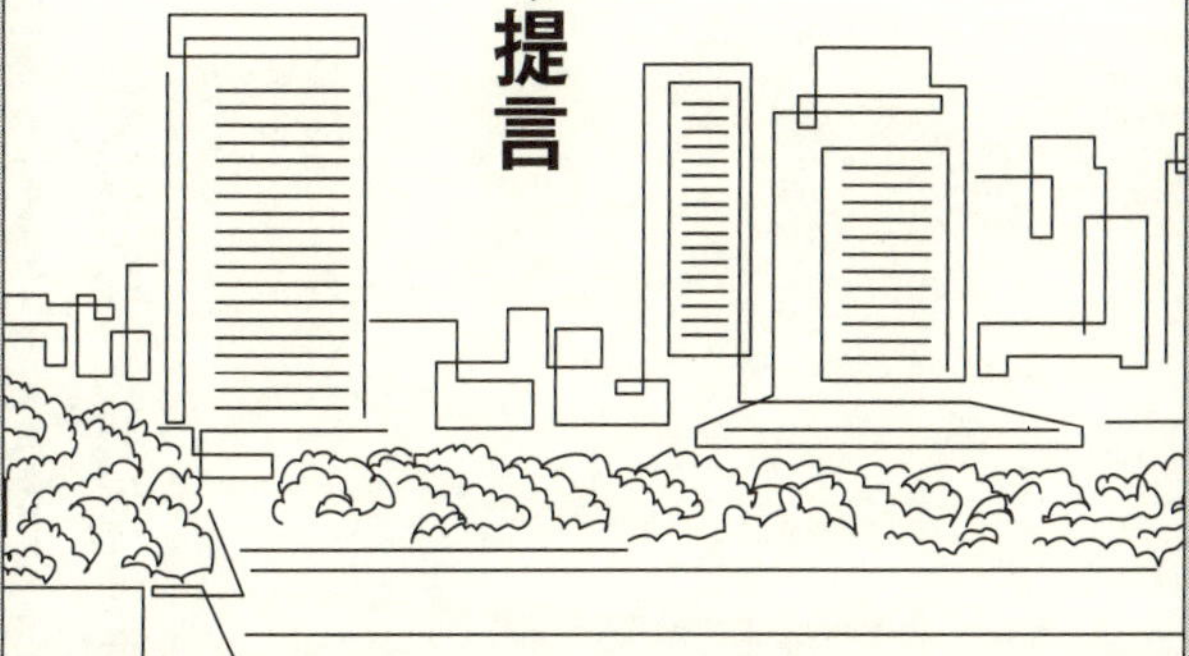

ここまでは、関西企業の人材育成や関西企業の経営理念等についてまとめてきました。ではそこからどのようなことが考えられるのでしょうか。この章では私なりの提言をまとめてみたいと思います。

提言としては次の7つです。

提言①　東京と大阪で、もっと交流しよう
提言②　MBAもいいけど、大阪でビジネスを学ぶ
提言③　人が働き続ける、長寿企業を目指そう
提言④　論破より、共感を大事にしよう
提言⑤　まずは行動しよう。良いものはどんどん真似しよう
提言⑥　失敗やコンプレックスを、大きなエネルギーに変えよう
提言⑦　会社が存在している地域を、大事にしよう

それでは具体的に見ていきましょう。

提言① 東京と大阪で、もっと交流しよう

東京と大阪で働いた私としても、東京には東京の良さ、大阪には大阪の良さがあることを感じます。個人的な感想では、東京は専門性を発揮する人が多く、大阪は専門性よりも誰かの専門性をつなげて考えて行動する人が多いと思います。

また東京のほうが計画をきっちりしっかり立てる傾向がありますが、大阪は臨機応変に動くところがあります。

これはどちらが良いという問題ではありません。ただ与えられた状況によって適する手段は異なるので、その両方を知ることが重要だと思います。東京と大阪を行ったり来たりすれば、これまでのやり方と違うやり方に触れる可能性が高まります。東京と大阪で転勤をしたり、交流をする人が増えていくと、こうした異文化交流を通じて、新たな手法を生み出す人が出てくるでしょう。イノベーションとは新結合といいますが、まさに東京手法と大阪手法の組み合わせでイノベーションが生まれることが期待できます。

また東京に限らず、日本には様々な地方、様々な個性があります。東京の人が各地域の面白さを知れば、もっと東京のビジネスパーソンも大きく成長すると思います。そして大阪を始め地方の人々は東京の人々の専門性を歓迎しています。

ぜひとも東京と大阪、東京と地方で人材交流が深まってほしいと考えています。

提言② MBAもいいけど、大阪でビジネスを学ぶ

経営について最先端の知識を学ぶ方法としては、MBA（Master of Business Administration）があります。これは経営学修士と呼ばれるもので経営に関する大学院です。ここではマーケティング、経営戦略、ファイナンスなど様々な科目を通じて経営学の最先端の理論や分析方法を勉強することができます。また日本でもMBAの大学院は非常に増えていますが、海外でMBAを取る方もたくさんいます。そしてMBA保持者は、日本企業で大活躍されています。

一方で、海外のＭＢＡで学ぶことが必ずしも日本のビジネスに当てはまるかというと、必ずしもそうではありません。日本でビジネスをするにあたっては、大阪に来て具体的にビジネスをするほうが、学びが多いかもしれません。もちろん海外のＭＢＡは非常に優れており、この勉強を否定するものではありません。また海外のＭＢＡは最近はリモートで学ぶこともできるようになっています。大阪で実際にビジネスをしながら海外や日本の大学でＭＢＡをリモートで学ぶというのが、もしかしたら日本人、特に東京のビジネスマンにとっては新たな発見があるのかもしれません。

大阪や関西でぜひとも新たなビジネス手法を身につけてほしいと思います。

提言③　人が働き続ける、長寿企業を目指そう

会社を経営しているときに、やはり多くの方が目標とするのは自社を大きくすることだと思います。売り上げを増やすほか、株式市場に上場するなどして、一流の企業と見られ

たい、それは自然なことだと思います。

もっとも、会社を大きくするというのは簡単なことではありません。また大きくなればなるほど、会社の管理コストも増えていきますし、管理機能の強化なども出てくるので、当初目指した方向と食い違うこともあります。規模を追うより、自分のやりたいことを目指すことや、質の高い形を目指すといった会社もこれから日本で増えてくると思います。

その際、私が見るなかで、関西の様々な企業の優れていると思うところは、大きさよりも長続きする企業を目指している経営者が多いことです。

長続きする企業というのは無理なことを避け、周りと調和し、自分たちのブランドを大事にして質の高い経営をしています。また長寿企業はリスク管理がしっかりしており、これからのVUCAの時代においても生き残る可能性が高いと考えられます。

歴史の長い関西においては、長寿企業がたくさんあります。多くの人々が持続可能性に関心を向けるなか、企業を長寿という観点から考えていくことも重要でしょう。

提言④　論破より、共感を大事にしよう

企業経営や人育てにあたっては、議論がとても重要です。様々な角度から議論をすることによって新たな発見が生まれます。企業を成長させるにあたっては、皆が自由に議論することが大事といえるでしょう。

一方で、議論に当たっては論破することに力を注ぐ人もいます。たしかに論破力の高い方は頭が良くとても鋭いところもあるのですが、論破したところで必ずしも新しいものが生まれるわけではありません。逆に論破をしてしまうと論破された人がその人に対して恨みを持ってしまい、社内がギクシャクしてしまうこともあります。会社は頭の良い人を選び出す場ではなく、みんなで協力してお客様に喜んでもらうものを生み出す場所であると考えると、論破は必ずしも良いことではありません。

この本でも紹介しましたが、大阪では「共鳴する」や「共感する」といったことへの関心が高まっています。自分の意見を発言しても許されると思える環境はとても重要です。

ビジネスのアイディアは意外なところにあります。その意外なアイディアが出やすくするためにも、みんなが意見を安心して表明できる環境を作るべきでしょう。それには論破よりも共感のほうが近いと考えます。

そのためには、共感できる人を見つけることも大事です。本書でも紹介しましたが、何か問題が生じたときに、「この問いを誰と共有しようか」と考える経営者がいます。そして博報堂ＤＹグループのアンケートでは「共感し合える人がいること」が幸福感に繋がるとする人が多いことがわかっています。共感し合える友人を見つけていくことは、ビジネスでも人生でも成功する秘訣であると、これは関西が日本に提言したい生き方です。

提言⑤　まずは行動しよう、良いものはどんどん真似しよう

この本でも紹介しましたが、関西のビジネスマンには2つの系譜があります。

1つは独創的に新しいものを生み出していく人たちです。こういう人たちは、新たな変

化に敏感で、新しいものがあればすぐ行動します。ＰＤＣＡという言葉で考えると、決定やチェックをしてすぐに行動に移しますが、最初のＰ、つまり計画にはこだわっていないように見えます。

最近スタートアップ関係の経済学者や経営学者とお会いすることが多いのですが、発明家やスタートアップの経営者というのは走りながら考える人が多いようです。いろいろ実験しながら答えを見つけていく、そしてその実験の数を大事にするというのがとても重要なようです。

そして２つめ。独創性も大事ですが、自分たちよりも優れたものがあれば素直に真似する、学ぶということも大事だと思います。実際関西の経営者の生い立ちを様々な本などで調べましたが、皆さん本当にとことん学んでいます。そして良いものであれば、これまでの自分たちと違うスタイルであっても素直に取り入れています。素晴らしいものを見たときにそれを受け付けない理由を考えるのではなく、自分たちに取り入れて、もっと良いものにしていく。そうしたことが大事だと思います。

提言⑥ 失敗やコンプレックスを、大きなエネルギーに変えよう

関西の企業人の半生を振り返ってみますと、非常に努力をしている姿が印象的です。そして失敗から立ち上がってきている人も目立ちます。

この本でも紹介しましたが、今や高収益企業の代表といわれるキーエンスの滝崎氏は、過去に数回会社を倒産させています。また松下電器の松下幸之助氏も様々な厳しい状況に置かれ、そこから立ち上がってきます。松下幸之助氏は「こけたら立ちなはれ」といっていますが、失敗してそこであきらめるのではなく、そこから何度でも立ち上がってくるというところが関西の企業人の魅力でもあります。また、東京に負けたくないという反骨心をバネに頑張っている企業人も多くいました。その不屈の姿が大変勇気を与えてくれます。

今大阪では万博に向けて様々な準備が進められています。そしてその万博にあたっては、様々な批判があるのも事実です。しかしながら、それに負けることなく淡々と準備をしている関西人がたくさんいます。万博が成功に終わったとき、この悔しさをバネに頑張って

きたというのは、大きなレガシーになると私は考えています。

逆境から何度でも這い上がる、これはまさに日本のビジネスマン全員が身につけて欲しいことだと思っています。

提言⑦ 会社が存在している地域を、大事にしよう

最後に関西の最近の企業の動きで感心するのは地域を大事にする動きが本格化していることです。この本でもよく出てきましたが「三方よし」という言葉を至るところで表明しています。

関西の企業人は地元のために様々なことをしてきました。古くは淀屋辰五郎のように、地域に橋を架けたりしています。大阪の橋のほとんどが町人が架けた橋というところを見ても、地域を大事にしている商売人の多さが大阪・関西の伝統であるといえるでしょう。

多くの企業でもＳＤＧｓなどに向けた動きが見られます。大学生の方とお話ししても、

社会貢献や地域貢献に関心がある人が増えていると思います。その意味で利益を追うだけではなく、利益を上げながら地域を大事にするといったことが、これからの企業に求められると思います。

今、経営の世界ではＢ Ｃｏｒｐが注目され始めています。これは社会課題解決を目指した新しい企業のことです。そして関西の企業人はこのＢ Ｃｏｒｐは三方よしに通じるとして関心を高めているという話を聞きました。

今世界中の企業がマルチステークホルダー資本主義という掛け声のもと、株主だけでなく、顧客、従業員、地域など多くのステークホルダーとのバランスを取ろうとしています。関西がその先進地域となること、この動きが全国に広がっていくことを期待します。

おわりに

関西企業の経営や人材育成、そして関西人の気質について書いてきましたが、いかがでしたでしょうか。ＭＢＡとも東京経営とも違う面白さを感じられたのではないでしょうか。そしてどこか、懐かしい昭和な感じを思い出されたかもしれません。

大阪は昔は浪速の国で、義理人情を大事にした、まさに「浪花節」の土地柄です。その意味で懐かしい義理・人情はいまでも関西・大阪に根付いていると思います。一方で、義理・人情といいますと、少し古臭く感じるかもしれませんが、大阪・関西も令和の時代に入り、洗練されてきていると思います。洗練された義理人情がこれからの企業経営に必要なのかもしれません。

この本では、大阪を中心に語ってきましたが、京都・神戸にはたしかに、大阪とは違う文化もあります。しかしながら、最近は関西全体で盛り上がりたいとする機運がでてくるなか、それが融合して、関西全体に新たな空気が生まれているとも感じます。

かつて、岡本太郎氏は「大阪の町々に溢れている活気、気兼ねなしに何でもやる、あの平気な表情を、新しい時代に活かしたいものだ。今あるような泥くささの味も面白いが、それよりももっと超近代的な、世界中の人が見てアっというような現代感覚で打ち出していけば、大阪は世界の最も魅力的な文化都市の1つになるだろう」と指摘しました。その意味では、京都の雅、神戸の都会性をうまく融合していけば、大阪はもちろんのこと、関西全体が世界都市になっていくと思います。

関西が世界都市になっていくなかで、関西から、一味違うグローバル企業はもちろんのこと、大企業ではなくても個性を発揮して世界から尊敬される企業、長寿企業として安定的に世の中に貢献する企業が出てくることを期待しますし、日本企業にも大きなプラスの影響を与えていくと信じています。

最後に、つたない原稿をブラッシュアップしてくださった青春出版社の武田友美さん、貴重なアンケート調査を提供してくださった博報堂の野口圭一郎さん、福田卿也さん、そしていつも関西について鋭い知見を提供する妻の淑子に感謝を記して、終わりの言葉といたします。

石川　智久

青春新書
INTELLIGENCE

こころ涌き立つ「知」の冒険

いまを生きる

〝青春新書〟は昭和三一年に――若い日に常にあなたの心の友として、その糧となり実になる多様な知恵が、生きる指標として勇気と力になり、すぐに役立つ――をモットーに創刊された。

そして昭和三八年、新しい時代の気運の中で、新書〝プレイブックス〟にその役目のバトンを渡した。「人生を自由自在に活動《プレイ》する」のキャッチコピーのもと――すべてのうっ積を吹きとばし、自由闊達な活動力を培養し、勇気と自信を生み出す最も楽しいシリーズ――となった。

いまや、私たちはバブル経済崩壊後の混沌とした価値観のただ中にいる。その価値観は常に未曾有の変貌を見せ、社会は少子高齢化し、地球規模の環境問題等は解決の兆しを見せない。私たちはあらゆる不安と懐疑に対峙している。

本シリーズ〝青春新書インテリジェンス〟はまさに、この時代の欲求によってプレイブックスから分化・刊行された。それは即ち、「心の中に自らの青春の輝きを失わない旺盛な知力、活力への欲求」に他ならない。応えるべきキャッチコピーは「こころ涌き立つ〝知〟の冒険」である。

予測のつかない時代にあって、一人ひとりの足元を照らし出すシリーズでありたいと願う。青春出版社は本年創業五〇周年を迎えた。これはひとえに長年に亘る多くの読者の熱いご支持の賜物である。社員一同深く感謝し、より一層世の中に希望と勇気の明るい光を放つ書籍を出版すべく、鋭意志すものである。

平成一七年　　刊行者　小澤源太郎

著者紹介

石川智久〈いしかわ ともひさ〉

（株）日本総合研究所調査部 調査部長／チーフエコノミスト／主席研究員。北九州市生まれ。東京大学経済学部卒業。三井住友銀行、内閣府政策企画調査官等を経て、現職。2019年度神戸経済同友会 提言特別委員会アドバイザー、2020年度関西経済同友会 経済政策委員会委員長代行を務めたほか、大阪府「万博のインパクトを活かした大阪の将来に向けたビジョン」有識者ワーキンググループメンバー、兵庫県資金管理委員会委員などを歴任。関西経済分析の第一人者として、メディアにも多数寄稿・出演。著書に『大阪の逆襲』（小社刊・共著）、『大阪が日本を救う』（日経BP）など。

大阪《おおさか》　人《ひと》づくりの逆襲《ぎゃくしゅう》

青春新書 INTELLIGENCE

2024年11月15日　第1刷
2025年2月15日　第3刷

著者　石《いし》川《かわ》智《とも》久《ひさ》

発行者　小澤源太郎

責任編集　株式会社プライム涌光
電話　編集部　03(3203)2850

発行所　東京都新宿区若松町12番1号 〒162-0056　株式会社青春出版社
電話　営業部　03(3207)1916　振替番号　00190-7-98602

印刷・中央精版印刷　製本・ナショナル製本

ISBN978-4-413-04707-4